AF565248

Christoph Thun-Hohenstein

Klimaresonanz
Unsere Lebens- und Wirtschaftskultur neu gestalten

Impulsbuch

Klima Biennale Wien 2024

Klima Biennale Wien Positions #3

Spector Books

Was Sie in diesem Buch erwartet

Gehören Sie zu jenen Menschen, die das Wort Klimakrise nicht mehr hören können? Weil es mittlerweile täglich unzählige Male in den Medien aufpoppt und zunehmend in Zusammenhängen, die Ihnen weit hergeholt vorkommen? Weil es mittlerweile sogar zu Streit am Arbeitsplatz, im Freundeskreis oder in Ihrer Familie führt? Können Sie das Wort Klimakrise nicht mehr hören, weil Sie die Aktionen der Klimakleber*innen dezidiert ablehnen? Oder weil Sie gar den behaupteten breiten wissenschaftlichen Konsens zum menschgemachten Klimawandel, wie er sich in den Berichten des Weltklimarats der Vereinten Nationen (IPCC) niederschlägt, in Frage stellen und für Manipulation halten? Oder reagieren Sie deshalb allergisch, weil Ihnen die Forderungen der Besserwisser*innen nach Verboten, Verzicht und Schrumpfung der Wirtschaft so gar nicht in den Kram passen und Sie den bescheidenen Wohlstand, den Sie für Ihre Nächsten und sich selbst mühevoll erarbeitet haben, angegriffen sehen? Oder sind Sie einfach den Schlafwandler*innen zuzurechnen, die auf Beschwichtigungen hereinfallen und erst aufwachen werden, wenn es zu spät ist? Oder kommen Sie materiell ohnehin kaum über die Runden und haben daher gar keine Energie für den Luxus, sich auch noch mit der Klimakrise auseinanderzusetzen? Was immer auf Sie zutrifft: Plagen Sie dabei niemals Zweifel, ob Sie sich der Mittäterschaft an einem epochalen Unrecht schuldig machen könnten?

Oder gehören Sie zu jenen Menschen am anderen Ende des Meinungs- und Handlungsspektrums, die angesichts der Untätigkeit von Regierungen und Unternehmen resignieren und maßlos frustriert sind, dass ihre Mitmenschen nicht einsehen wollen, dass wir am Rand des Abgrunds stehen und künftigen Generationen eine zerstörte Welt hinterlassen? Oder zu jenen, die ihre früheren Überzeugungen und Karrieren über Bord geworfen und sich mit Leib und Seele dem Kampf gegen die Klimakrise und das Artensterben verschrieben haben? Zu jenen, die den Kapitalismus und seinen Wachstumszwang verteufeln und ein Gesundschrumpfen der Wirtschaft verlangen, weil unendliches Wachstum auf einem Planeten mit endlichen Ressourcen nicht möglich ist? Und wenn Sie zu Letzteren zählen, beschleichen Sie nicht doch hin und wieder Zweifel, dass negatives Wachstum – *Degrowth* – angesichts von so viel Armut im Globalen Süden, aber auch in vielen anderen Ländern vielleicht doch nicht die Lösung ist?

Oder gehören Sie zu jenen, die sich irgendwo dazwischen verorten – von der Komplexität der Probleme überfordert, unentschlossen, was zu tun ist, vielleicht auch einfach zu bequem, Ihr Leben zu ändern? Dann sind Sie wohl Teil jener Mehrheit in EU-Ländern, die bei Meinungsumfragen die Klimakrise als durchaus prioritär einstuft, sich aber wider besseres Wissen nicht dazu aufraffen kann, zum gewünschten Klimaschutz persönlich beizutragen, geschweige denn, sich in der Klimafrage aktiv zu engagieren – oder der schlicht die Vorstellung fehlt, wie eine andere Zukunft aussehen könnte.

Niemand hat ein Patentrezept für die Gestaltung der Zukunft. Das kann auch dieses Buch nicht liefern. Doch es zeigt, wie es möglich ist, in ein neues Zeitalter umfassender Regeneration von Wirtschaft, Gesellschaft, Kultur und Natur einzutreten und dadurch die Chancen erheblich zu erhöhen, die Klimakrise und das Artensterben dauerhaft in den Griff zu bekommen. Regeneration bedeutet im Kern, der Erde mehr zurückzugeben, als wir ihr entnehmen, und die Wirtschaft ebenso wie die Gesellschaft auf dieses Ziel einzuschwören. Regeneration ist daher umfassend zu verstehen und verlangt eine grundlegende ökologisch-soziale Erneuerung sowohl unserer Demokratien als auch nicht-liberaler oder gar offen autoritärer Systeme. Es geht um die Schaffung eines neuen Gefühls des Miteinander – jede*r von uns als Teil einer weltumspannenden Gestaltungs- und Schicksalsgemeinschaft im Einklang mit der Natur und ihren anderen Spezies. Das vorliegende Buch entwickelt mit „Klimaresonanz" ein Schlüsselkonzept für die Entfaltung einer solchen neuen Lebens- und Wirtschaftskultur in einer mehr-als-menschlichen Welt.

Ich möchte Sie auf eine spannende Reise mitnehmen, an deren Ende Sie – egal, wo Sie sich im eingangs skizzierten Spektrum verorten – unbändige Lust auf Zukunftsgestaltung verspüren werden. Sie werden erkennen, wie sich aus der konsequenten Verknüpfung der beiden, bisher unverständlicherweise meist getrennt behandelten Mega-Herausforderungen des 21. Jahrhunderts – Klima- und ökosoziale Gesamtkrise sowie die dynamische Entwicklung auf dem Feld der Künstlichen Intelligenz – faszinierende Strategien entwickeln lassen, wie menschliche Zivilisation auf unserem Planeten dauerhaft, also auch zum Wohl künftiger Generationen, gesichert werden kann. Sie werden freudig überrascht sein zu erfahren, dass die überzeugendsten Ansätze zur Lösung der Klima- und Biodiversitätskrise mit höherer Lebensqualität für Sie und Ihre Nächsten Hand in Hand gehen. Nicht das saure Rezept des Verzichts ist gefragt, sondern Vorstellungskraft, mit radikal weniger Ressourcen und Emissionen klüger zu wirtschaften und beschwingter zu leben.

Ausgangspunkt für diese Reise ist die Resonanztheorie des bekannten deutschen Soziologen Hartmut Rosa, die uns zu viel bewussterem und erfüllteren Leben anleitet. Aus der Resonanztheorie entwickle ich das Konzept der Klimaresonanz als stringenten Maßstab für emissionsarme und ressourcenleichte Lebenskultur und eine damit harmonierende neue Wirtschaftskultur. Im Mittelpunkt stehen dabei drei Querschnittsthemen, die entscheidende Hebel für den notwendigen grundlegenden Wandel von Wirtschaft und Gesellschaft sind.

Das erste Querschnittsthema ist Künstliche Intelligenz. Mit dem rasanten Vormarsch von ChatGPT und anderen Programmen generativer Künstlicher Intelligenz sind die enormen Potenziale und nicht zu unterschätzenden Gefahren von KI endlich in der breiten Öffentlichkeit angekommen. Wer meint, KI reiche aus, um den Klimawandel zu stoppen, irrt; eher ist angesichts des enormen Energieverbrauchs von KI derzeit das Gegenteil der Fall. Ebenso klar ist aber, dass der (abgesehen von Nuklearwaffen mit ihrem Zerstörungspotenzial) wirkmächtigsten technologischen Erfindung der Menschheit in fast allen Bereichen eine Schlüsselrolle für die Bewältigung der Klima- und ökosozialen Gesamtkrise zukommt und sie dafür künftig prioritär eingesetzt werden muss. Das Konzept der Klimaresonanz erlaubt eine kritische Reflektion möglicher Anwendungen von KI für Klima-, Biodiversitäts- und Ökosystemschutz und entwirft neuartige Ansätze für eine ökosoziale Intelligenz, in der Mensch und KI als Team agieren.

Kreislaufwirtschaft und die sie flankierende Kreislaufkultur sind das Herzstück ressourcenleichten und emissionsarmen Wirtschaftens und Lebens. Wir brauchen Kreislaufrevolutionen auf allen Ebenen, um unser noch immer auf Ressourcenextraktion, Erzeugung, Konsum und Entsorgung fixiertes lineares Wirtschaften durch umfassende Nutzung technischer und biologischer Kreisläufe zu ersetzen. Dabei sollte uns stets bewusst sein, dass die Kreislaufwirtschaft nicht als Freibrief für ungehemmtes Produktionswachstum missverstanden werden darf, sondern in eine umfassende Philosophie der Regeneration eingebettet ist. Klimaresonanz ist ein regenerativer Turbo für Kreislaufwirtschaft und -kultur!

Das dritte Querschnittsthema sind Städte – die komplexesten Gebilde, die die Menschheit hervorgebracht hat. Bereits die Hälfte aller Erdbewohner*innen lebt in Städten, und sie sind sogar für rund drei Viertel aller Kohlendioxidemissionen verantwortlich und damit ein Treiber des Klimawandels. Zugleich zählen sie aufgrund ihrer dichten Bebauung längst zu den Hauptbetroffenen. Städte generieren enorme Mengen an Ideen, und sie sind gerade jetzt, in unserem entscheidenden Jahrzehnt („*Make-or-Break Decade*“), herausgefordert, ihre Rolle als einflussreiche Ideenzentren mit neuem Leben zu erfüllen. Wir brauchen Städte als mutige Innovationslaboratorien und offene Resonanzräume, in denen Menschen ihre Qualitäten als kooperationsfähige soziale Wesen voller Fantasie entfalten können. Anhand einer Fülle von Vorschlägen und Anregungen zeige ich auf, wie es vorausschauend agierenden Städten gelingen kann, sich mit Klimaresonanz zu „Jungbrunnen“ zukunftsfähiger menschlicher Zivilisation zu entwickeln.

Diese drei zentralen Hebel können einander in ihrer Wirkung stimulieren und vervielfachen: Städte können als Ideen-Hubs maßgebliche Impulse für eine ethische, wesentlichen Werten liberaler Demokratien verpflichtete Weiterentwicklung von KI liefern; KI kann ihrerseits zur effizienteren Gestaltung von Kreislaufprozessen und zur Erhöhung der Lebensqualität in Städten beitragen; und die Nutzung technischer und biologischer Kreisläufe kann resonanzfähige Stadträume fördern. Klimaresonanz vermag alle drei Querschnittsthemen zu animieren und zu einem großen Ganzen zusammenzubinden, einem grundlegend neuen Bewusstsein und Verständnis, wie wir im Zeitalter von Klimakatastrophe und zunehmend entfesselter Künstlicher Intelligenz Mensch bleiben und sinnstiftend handeln können – individuell und gemeinschaftlich.

Klimaresonanz bietet die Chance, Motor einer alle Lebensbereiche erfassenden Zukunftskultur werden – einer Zukunftskultur, an deren sorgfältiger Pflege und umsichtiger Entfaltung wir alle teilhaben sollten. Klimaresonanz ist das eine Alleinstellungsmerkmal dieses Buchs, das wie jede neue Publikation in der mittlerweile Bibliotheken füllenden Klimaliteratur einen besonderen Mehrwert erbringen muss.

Das andere Alleinstellungsmerkmal ist meine Überzeugung, dass wir für die „große Korrektur“ der durch fossile Brennstoffe befeuerten Steigerungsgesellschaft (höher, weiter, schneller!) in Richtung einer klimaresonanten Lebens- und Wirtschaftskultur auf die Imagination und Vermittlungskraft der Künste angewiesen sind. Ich arbeite seit über zwanzig Jahren an den Schnittstellen zwischen künstlerischen Sparten und den großen Zukunftsfragen und habe unendliches Vertrauen in die Kunst: Designer*innen, Architekt*innen, bildende Künstler*innen, Musiker*innen, Schriftsteller*innen, Filmemacher*innen und Kunstschaffende aus anderen Sparten sind die Gestaltungsprofis und Impulsgeber*innen, deren übergreifende Visionen, vielfältige Ideen und konkrete Lösungsvorschläge wir dringendst brauchen. Sie sind es, die unser Vorstellungsvermögen beflügeln und uns alle anspornen können, als „Bürger-Zukunftsdesigner*innen“ die Welt von morgen proaktiv mitzugestalten.

Der grundlegende Umbau unserer Gesellschaft und der ihr dienenden Wirtschaft wird nur gelingen, wenn die Menschheit mit der Natur Frieden schließt. Einer der glaubwürdigsten Pioniere für eine Heimkehr des Menschen in die Natur war der österreichische Künstler, Architekt und Klimaphilosoph der ersten Stunde Friedensreich Hundertwasser. Es ist eine glückliche Fügung, dass die auf meine Initiative aus der Vienna Biennale for Change hervorgegangene Klima Biennale Wien ihr Zentrum in jenem Museum gefunden hat, das vom Geist Hundertwassers durchdrungen ist: dem KUNST HAUS WIEN. Das vorliegende Buch versteht sich nicht zuletzt als Würdigung des visionären Universalkünstlers Friedensreich Hundertwasser im Zeitalter Künstlicher Intelligenz.

1

Horizonterweiterung 2222

„Das Wesen des Menschen ist die Zukunft“, wird der bekannte US-amerikanische Psychologe Martin Seligman häufig zitiert. Aber warum werden wir dann unserem Wesen Zukunft derzeit so wenig gerecht?

200 Jahre fossiler Industrialisierung haben die Menschheit in eine Zivilisationsfalle geführt. Niemand will die großen Erfolge bestreiten, die seit Beginn der Moderne und vor allem seit dem Zweiten Weltkrieg in weiten Teilen der Welt erzielt wurden. Doch mittlerweile ist die große Erzählung unaufhörlichen menschlichen Fortschritts auf Basis der fossilen Energieträger Kohle, Erdöl und Erdgas als Raubbau an der Natur und Zerstörung der Lebensgrundlagen des Menschen entzaubert. Es gibt weltweit einen breiten wissenschaftlichen Konsens darüber, dass die Verfeuerung fossiler Brennstoffe kein Zukunftsmodell ist, sondern geradeaus in eine ökologische und wirtschaftliche Sackgasse führt. Im Klartext: Der menschgemachte Klimawandel ist die größte Bedrohung für die Erfolgsgeschichte menschlicher Zivilisation.

Was aber bedeutet die zunehmende Erfahrbarkeit des Klimawandels als Kategorie des Erkennens? Was erzählt sie uns über die Strukturen der Welt, in der wir leben? Und wie wirkt sich ihr Erkennen auf unser Alltagshandeln aus? Muss sich das Klima als Dimension in all unsere Routinen und Entscheidungsverfahren hineinschieben und konsequent beachtet werden? Müssen wir bei allem, was wir tun, immer zuerst das Klima mit bedenken? Das wäre eine radikale Wende, denn im Globalen Norden haben wir fast 200 Jahre lang verinnerlicht, dass der Maßstab bei allem, was wir tun und bewerten, vor allem ökonomisches Wachstum ist. Der deutsche Sozialpsychologe und Publizist Harald Welzer hat bereits 2011 in einem Essay mit dem Titel „Mentale Infrastrukturen. Wie das Wachstum in die Welt und in die Seelen kam“ herausgearbeitet, wie sehr immerwährendes Wirtschaftswachstum nicht nur die Politik, die Unternehmen und die Börsen bestimmt, sondern auch in unseren Köpfen herrscht.

1 Vgl. https://www.boell.de/sites/default/files/Endf_Mentale_Infrastrukturen.pdf

Gegenwärtig schaffen Wirtschaft und Gesellschaft dieses Wachstum noch immer weitgehend linear. Das heißt, wir extrahieren Ressourcen, erzeugen Produkte, gebrauchen und verbrauchen sie und entsorgen sie in der Folge – mit entsprechend hohen Emissionen und viel Abfall. Diese im Globalen Norden perfektionierte, auf Billiglöhne im Globalen Süden angewiesene Maschinerie der linearen Massenkonsumgesellschaft ist Ausdruck einer – durch den Erfolg des Kapitalismus gesellschaftlich leider tief verankerten – Unkultur der Ausbeutung billiger Arbeitskraft und der hemmungslosen Übernutzung der Natur und ihrer Ressourcen.

Eine solche Wohlstandsentwicklung wird gegenwärtig auch im Globalen Süden häufig als Ideal angesehen und dort nicht nur in Schwellenländern („*newly industrialized countries*“) „erfolgreich“ kopiert. Wachstum und der damit angestrebte Wohlstand sind – verständlicherweise – das zentrale Entwicklungsnarrativ im gesamten Spektrum der Bevölkerung: Nicht nur die wohlhabenden Eliten und die aufstrebende Mittelschicht wollen immer mehr und mehr davon, auch und gerade die ärmeren Teile der Bevölkerung – über Smartphones mit dem Wohlstand im Globalen Norden bestens vertraut – ersehnen ebenso eine durch Wirtschaftswachstum beflügelte Zukunft materiellen Überflusses. Im Globalen Süden verdichten sich somit die mentalen Infrastrukturen, die den Globalen Norden geradewegs in die Sackgasse fossilen und damit klimaschädlichen Wohlstands geführt haben.

Wie als Ergebnis dieses Befunds erleben wir jedes Jahr eine weitere Zunahme an Naturkatastrophen, nicht nur in fernen Ländern, sondern mittlerweile auch in unserer Heimat. Die Welt steht am ökologischen Abgrund, aber der Klimawandel und das Artensterben sind nicht die einzigen Krisen, die sich massiv verschärfen. Militärische Aggressionen erschüttern die fragile Weltordnung, die soziale Ungleichheit wächst, die Demokratie ist durch innere und äußere Feinde bedroht, autoritäre Regime sind vielerorts auf dem Vormarsch, und die bisher kühnste Erfindung der Menschheit – Künstliche Intelligenz – könnte die letzte sein, bevor die Maschinen das Steuer übernehmen. Was tun?

Wenn das Wesen des Menschen die Zukunft ist, dann braucht es eine große neue Aufgabe, die uns quer über alle Kontinente begeistert und entfesselt, eine gemeinsame Aufbauarbeit, die unsere besten Talente fördert und verknüpft, eine übergreifende Vision, die unsere menschlichen Qualitäten mit jenen der Natur verbindet, ein wirtschaftliches Erfolgsmodell, das breiten Wohlstand schafft, aber nicht durch Raubbau an der Natur, sondern indem es der Erde mehr zurückgibt, als es ihr entnimmt. All diese Ambitionen zu einem ganzheitlichen Weltentwurf zusammenzuführen, mag aus heutiger Sicht utopisch klingen, aber genau darauf kommt es an. Verschwenden wir unsere Energien nicht auf Innovationshäppchen, sondern denken wir grundlegend anders – denken wir groß. Und beginnen wir mit der Wirtschaft, die in Demokratien über Erfolg oder Versagen von Regierungen entscheidet, aber auch Diktatoren nicht egal sein kann, denn wer wirtschaftlichen Wohlstand vernachlässigt, hat als Politiker*in ein Ablaufdatum. In den reichen Ländern geht es künftig darum, Wohlstand auf nicht-fossile Grundlagen umzustellen, in den Schwellenländern und den ärmeren Ländern des Globalen Südens darum, die Fehler des Globalen Nordens keinesfalls zu wiederholen, sondern so rasch wie möglich zukunftsfähige Entwicklungspfade einzuschlagen. Eine kaum bewältigbare Herausforderung? Mit dem richtigen Mindset eine Riesenchance!

Stellen Sie sich – wie in einem Diagramm – eine von links unten nach rechts oben steigende Linie wachsenden wirtschaftlichen Wohlstands vor: Am Anfang der Linie befinden sich die am wenigsten entwickelten Länder, dann die bereits weiter entwickelten Länder des Globalen Südens und die Schwellenländer, und noch weiter nach rechts bis hin zur Spitze der Linie finden wir die Länder des Globalen Nordens. Im Wesentlichen streben alle Länder denselben Weg an, beginnend vom Agrarstaat über eine zunehmende Industrialisierung bis hin zur hochentwickelten Volkswirtschaft mit Dienstleistungsschwerpunkt. Aber plötzlich tut sich vor der Spitze der Linie eine riesige Wand auf, die den weiteren Weg des auf fossilen Brennstoffen gebauten Wohlstands versperrt. Die nach bisheriger Lesart am weitesten fortgeschrittenen Länder sind die ersten, deren Wirtschaft und Gesellschaft sich radikal verändern müssen. Aber auch alle nachfolgenden Länder – die bisher fast blind darauf vertrauen konnten, dass sie durch das Beschreiten der skizzierten Entwicklungslinie ebenfalls zum ersehnten Wohlstand kommen – sind gut beraten, innezuhalten und sich neu zu orientieren. Wenn es darum geht, in Zukunft innerhalb dessen zu wirtschaften und zu leben, was Wissenschaftler*innen Planetare Grenzen nennen, und nicht darüber hinaus, dann sind die weniger entwickelten Länder mit einem Mal nicht bloß die Nachzügler, von denen auf dem konventionellen Erfolgsweg zu wirtschaftlichem Wohlstand (unsere imaginäre Linie) keine besonders innovativen Impulse erwartet werden. Vielmehr müssen alle Länder, an welchem Punkt immer sie sich gerade befinden, die Sackgasse verlassen und ihre Wirtschaft und Gesellschaft an neuen Zielen ausrichten. Sie müssen lernen, innerhalb jener Leitplanken zu agieren, die heute unter dem Begriff der Planetaren Grenzen gefasst werden. Die Wege zur Erreichung dieser Ziele sind unerprobt, egal ob es sich um das höchst entwickelte Land der Welt oder um eines der ärmsten Länder handelt.

Da die Fortsetzung des herkömmlichen Pfads keinen Sinn mehr macht, geben ihn fast alle Länder auf und wagen den Sprung ins kalte Wasser. Sie ändern von sehr unterschiedlichen Punkten auf unserer imaginären Linie die Richtung und streben in eine neue Welt, in der es noch kaum bewährte Vorbilder und Erfolgsmodelle gibt. Da niemand die Wahrheit gepachtet hat, gibt es für den Globalen Süden keinen Grund mehr, die wirtschaftliche Entwicklung des Globalen Nordens zu kopieren. Die Karten sind neu gemischt, die Chancen anders verteilt, vielleicht – hoffentlich! – um einiges gerechter als bisher. Es entsteht ein noch nie dagewesener globaler Raum des Austauschs, in den sich Akteur*innen aller Länder mit zukunftsweisenden, möglicherweise epochalen Ideen einbringen können. Die Welt wird ein riesiges Laboratorium der Hoffnung.

Aber die Auseinandersetzung mit der Klima- und ökosozialen Gesamtkrise ist nicht alles: Zur vielschichtigen ökologischen und ökosozialen Transformation kommt noch der Turbo allumfassender Digitalisierung und darauf gründender Künstlicher Intelligenz hinzu, sodass plötzlich zwei Transformationen, die schon jeweils für sich fast alle Lebens- und Wirtschaftsbereiche berühren, aufeinandertreffen. Wir haben es also mit einer doppelten Transformation zu tun, deren eine – Klima- und Artenschutz sowie Klimaanpassungsmaßnahmen – noch immer viel zu langsam erfolgt, während die andere – mit der Speerspitze Künstliche Intelligenz – inzwischen an Tempo kaum zu überbieten ist. Es braucht nicht viel Fantasie sich auszumalen, was das bedeutet: Die Zukunft der Menschheit wird maßgeblich davon abhängen, wie wirksam diese beiden Transformationen ineinandergreifen und zu einer Großen Transformation zum Wohl der Menschheit wie auch unseres Planeten verschmelzen.

Die 2020er Jahre sind daher als *„Make-or-Break Decade"* einzustufen: Im gegenwärtigen Jahrzehnt entscheidet sich, ob die Menschheit die Chancen auf Stabilisierung des Klimas auf Basis des 1,5 Grad-Zieles des Pariser Klima-Übereinkommens überhaupt noch wahren kann (und damit auch Klimaanpassungsmaßnahmen kalkulierbar bleiben) oder darin versagt und sich den schädigenden und teilweise irreversiblen Folgewirkungen einer stärkeren Erderhitzung aussetzt. Von den in dieser Dekade erfolgenden Weichenstellungen hängt die Qualität menschlicher Zivilisation auf dem Planeten Erde für alle Zukunft ab. Auf unseren Schultern lastet somit eine enorme Verantwortung, die richtigen Entscheidungen zu treffen und diese konsequent umzusetzen. Dafür braucht es nicht nur wissenschaftliche Forschung, ganzheitliches Denken und das Begreifen relevanter Zusammenhänge, sondern auch überbordende Kreativität und bahnbrechende Innovation. Um eine Vorstellung zu erhalten, was alles möglich ist, benötigen wir die visionärsten Zukunftsentwürfe und kreativsten Ideen, die innovativsten technologischen Lösungen und die verblüffendsten – weil jenseits menschlicher Logik generierten – Vorschläge Künstlicher Intelligenz. Um angesichts dieser Komplexität die richtigen wirtschafts- und gesellschaftspolitischen Weichenstellungen vorzunehmen und ein „kongeniales Zusammenspiel" der freigesetzten Kräfte und erzeugten Dynamiken zu erwirken, müssen wir unseren Zeithorizont deutlich erweitern.

Von welchen zeitlichen Dimensionen sprechen wir? Wie kann uns der Blick weit über den Tellerrand der Gegenwart hinaus darin unterstützen, statt Notlösungen die wirklich allerbesten Lösungen zu finden? Und warum sollten wir heute Lebenden daran überhaupt interessiert sein?

In Deutschland wurde der Begriff der „Enkeltauglichkeit" geprägt. Dieser „meint nachhaltig, dauerhaft, zukunftsfähig. Mit der neuen Wortschöpfung soll das Leitbild der ‚Nachhaltigkeit' plastisch und begreifbar werden. ‚Enkeltauglichkeit' will verdeutlichen, dass letztlich alle Politik sich daran zu messen hat, dass auch die Enkelkinder eine lebenswerte Zukunft vorfinden."

2 Zitiert nach https://www.johannesheimrath.de/woher-kommt-der-begriff-enkeltauglich

Dies gilt aber nicht nur für die Politik, sondern auch für die Wirtschaft und für uns alle. Denn sowohl die Entscheidungen von Unternehmen als auch unsere Entscheidungen als Einzelpersonen sind daran zu messen, dass auch die Enkelkinder eine lebenswerte Zukunft vorfinden. An die Stelle des Antriebs, unseren Ressourcenkonsum unaufhörlich zu steigern, tritt eine völlig andere Geisteshaltung: *„Stewardship"*. *„Stewards"* verstehen sich als fürsorgliche Verwalter*innen eines anvertrauten (geliehenen) Schatzes, den es in bestmöglicher Verfassung an nachfolgende Generationen zu übergeben gilt.

In diesen Zusammenhang passt ein visionäres Prinzip irokesischen Ursprungs, das sogenannte Sieben-Generationen-Prinzip. Es bedeutet in seiner Essenz, dass jede Generation bei all ihren Entscheidungen und Aktivitäten mögliche Auswirkungen auf die nachfolgenden Generationen bis einschließlich der siebten Generation berücksichtigen muss. Oder vereinfacht formuliert, dass die Gesellschaft von heute bei ihren Handlungen immer mindestens sieben Generationen vorausdenken und sicherstellen muss, dass auch künftige Gesellschaften eine intakte Erde vorfinden; mit „intakt" sind Tiere, Pflanzen, Luft und Wasser, ganze Ökosysteme, ja die Natur insgesamt gemeint. Rechnete man früher pro Generation ca. 20 Jahre (also zusammen ca. 140 Jahre), so nimmt man heute angesichts der gestiegenen Lebenserwartung pro Generation 25–30 Jahre an. Die aktuelle Anwendung dieses Prinzips besteht folglich darin, schon heute die Auswirkungen unserer Zivilisation auf Menschen in knapp 200 Jahren, also 2222, einzuschätzen und sich davon leiten zu lassen. Werden wir Teil einer verantwortungsvollen *Climate Mission 2222!*

Um einem möglichen Missverständnis vorzubeugen: Für die Anwendung des Sieben-Generationen-Prinzips bedarf es keiner Vorhersagen, wie die Welt 2222 beschaffen sein wird. Zum einen sind seriöse Prognosen kaum für die nächsten 20–30 Jahre möglich, geschweige denn für zwei Jahrhunderte.

Zum anderen kann und soll der Gang von Entwicklungen gerade durch fundamentale Verhaltensänderungen und Kurskorrekturen beeinflussbar sein, weshalb es vermessen wäre, Vorhersagen zu treffen, wie die Welt in 200 Jahren aussehen wird. Die Stärke des Prinzips liegt vielmehr darin, uns aufgrund eines wesentlich erweiterten Horizonts zu nachhaltig besseren Entscheidungen heute, morgen, im kommenden Jahr und im aktuellen Jahrzehnt zu verhelfen. Warum?

Wir haben im Lichte breit abgesicherter wissenschaftlicher Erkenntnisse – erwähnt seien hier vor allem die Berichte des Weltklimarates – und der laufenden Medienberichterstattung zur Klima- und ökologischen Gesamtkrise eine hervorragende Grundlage für die Einschätzung, welche unserer Entscheidungen und Aktivitäten sich auf welche Weise nachteilig auf die Bewohnbarkeit unseres Planeten durch die kommenden sieben Generationen auswirken. Wenn wir aber ziemlich genau wissen, welche Handlungen wir mit Blick auf das Sieben-Generationen-Prinzip nicht setzen sollten, ist dies geeignet, die Qualität und Richtung unserer Entscheidungen und Aktivitäten maßgeblich zu verbessern. Mit anderen Worten: Eine grundlegend veränderte Einstellung zur Zukunft – egal, ob die Konzepte Enkeltauglichkeit, „Stewardship" (im Sinn von: „Wir haben die Erde von unseren Nachkommen geliehen") oder Sieben-Generationen-Prinzip heißen – ermöglicht es uns, aktuell bessere Entscheidungen zu treffen, die überdies bereits unser eigenes Leben positiv beeinflussen können. Wenn es uns als Menschheit durch klügere Voraussicht gelingt, die Erderhitzung doch in der Nähe von 1,5 Grad zu begrenzen, bedeutet dies bessere Aussichten auch für die eigene Zukunft und nicht nur die der Enkel- oder gar siebten Generation. Braucht es dafür weit in die Zukunft reichende Vorstellungskraft? Mit Sicherheit! Die entscheidende Frage ist: Welche Welt, welche Erde wünschen wir uns für die siebte Generation von heute? Wir machen also keine Vorhersagen, wie es 2222 sein wird, sondern sind aufgefordert zu überlegen, welche Qualitäten wir uns idealerweise für die siebte künftige Generation vorstellen und welche Zustände wir ihr keinesfalls wünschen – und im Lichte dessen abzuwägen, ob eine Handlung vertretbar erscheint. Eine Abwägung, die gerade bei Alltagsroutinen angesichts deren wiederkehrenden Charakters ins Gewicht fällt. Versetzen wir uns also in künftige Generationen und reflektieren aus deren Perspektiven unser heutiges Handeln!

Vielen Leuten (aber längst nicht allen!) wird der Zustand der Erde im Jahr 2222 egal sein, wenn sie daraus Einschränkungen ihrer heutigen Lebensqualität ableiten. Wie kann es gelingen, selbst solche Menschen, die jegliche Generationenverantwortung ignorieren, für die Climate Mission 2222 zu gewinnen? Indem sie überzeugt werden, dass Perspektiven der siebten Generation auch ihr eigenes Leben verbessern. Entscheidend für eine breite gesellschaftliche und wirtschaftliche Akzeptanz des Sieben-Generationen-Prinzips im 21. Jahrhundert sind daher weniger die erwarteten positiven Auswirkungen der getroffenen Entscheidungen auf das 22. und 23. Jahrhundert als die damit verbundenen Potenziale zur Verbesserung unseres Lebens heute und in allernächster Zukunft.

Hand aufs Herz: Würden Sie lieber in ein aus Profitgier lieblos konzipiertes und schlecht gebautes Wohnhaus, dem man schon bei der Errichtung ansieht, dass es 50 Jahre später abbruchreif sein wird, einziehen oder in eines, das nach den allerneuesten ökosozialen Erkenntnissen geplant wurde und auf mehrere Jahrhunderte nachhaltigen Bestand angelegt ist? Ein solches Qualitätsgebäude kommt aufgrund seiner baulichen Vorzüge und der vorausschauenden Nutzungsflexibilität zweifellos künftigen Generationen zugute – der beste Beweis aus der Vergangenheit sind die nach wie vor heiß begehrten, rund 150 Jahre alten Wiener Gründerzeithäuser; es punktet aber bereits ab Beginn seines Lebenszyklus durch deutliche Erhöhung der Wohn- und Lebensqualität seiner Erstbewohner*innen und beeinflusst idealerweise auch sein urbanes Umfeld von Anfang an positiv. Ähnlich verhält es sich mit dem Sieben-Generationen-Prinzip: Seine Beachtung ist nicht nur zum Wohl künftiger Generationen gedacht, sondern wirkt sich schon heute wohltuend auf unser Leben aus.

Aber ist es nicht naiv, die Vorzüge des Sieben-Generationen-Prinzips anzupreisen, wenn die Politik in liberalen Demokratien nur mehr auf den nächsten Wahltermin schielt und bei autoritären Regimes bloß der brutale eigene Machterhalt zählt? Die Antwort geht für Demokratien und Autokratien überraschenderweise in dieselbe Richtung: Für eine Zukunft im Sinn des Sieben-Generationen-Prinzips bedarf es richtiger „WOW-Erlebnisse“: faszinierende Bilder, die uns nicht mehr loslassen, packende Erzählungen, die den richtigen Nerv in uns treffen, ergreifende Begegnungen, die etwas Unumkehrbares auslösen, das sich durch noch so ausgeklügelte Manipulation nicht mehr einfangen lässt. Denn um die Welt gemeinsam zum Besseren zu verändern, braucht es starke Emotionen, große Gefühle, leidenschaftliche Überzeugungsarbeit und Perfektion mit Herz. Lassen wir uns dabei von visionären Bildern und utopischen Erzählungen leiten und gestalten wir gemeinsam eine naturverbundene und technologisch aufgeklärte, regenerative Lebens- und Wirtschaftskultur, die der Erde mehr zurückgibt, als sie ihr entnimmt! Und damit einen Prozess der Wiedergutmachung und Heilung in Gang setzt.

Das Sieben-Generationen-Prinzip ist ein kompromissloser Filter, um die Tragweite unserer heutigen Entscheidungen zu ermessen. Ich habe es bewusst eingeführt, bevor wir uns im nächsten Kapitel mit den Möglichkeiten liberaler Demokratien auseinandersetzen, zu Modellen umfassender Regeneration zu werden. Erst eine Horizonterweiterung 2222 kann uns eine nähere Vorstellung von den wahren Dimensionen der Klima- und ökosozialen Gesamtkrise vermitteln. Denn wir brauchen uns nichts vorzumachen: Bei fast allen Klimakontroversen ist die Generationengerechtigkeit, wie sie in diesem klugen Prinzip zum Ausdruck kommt, der wirkliche Elefant im Raum. Und das legt die Latte für die zumeist überalterten liberalen Demokratien, in denen die Pensionist*innen eine mächtige Wählergruppe sind, noch einmal höher.

Welche Regierung hat den Mut, sich für die Verankerung des Sieben-Generationen-Prinzips in der Verfassung einzusetzen?

2

Demokratie-Revolution als Überlebensstrategie

Ich möchte Sie auf ein Gedankenexperiment einladen: Stellen Sie sich vor, dass im Jahr 2040 die liberale Demokratie abgeschafft ist. Dass in der ganzen Welt kein einziges liberal-demokratisches Land zu finden ist, die liberale Demokratie als Herrschaftsform ausgedient hat und es daher keine allgemeinen, freien und geheimen Wahlen mehr gibt, keine Aufteilung der Staatsgewalt auf voneinander unabhängige Organe in Gesetzgebung, Exekutive (Regierung) und Rechtsprechung, keine Garantie von Grundrechten. Eine Welt, in der es zwar noch vereinzelt illiberale Demokratien gibt, in denen aber das rechtsstaatliche Prinzip systematisch ausgehöhlt wird und Machtdemonstration und Gewalt an seine Stelle treten. Eine Welt, in der sich fast alle Staaten zu autoritären Systemen entwickelt haben und die Herrschenden die Freiheit der Menschen mithilfe Künstlicher Intelligenz brutal unterdrücken.

Autoritäre Staaten und „illiberale" Demokratien sind, selbst wenn sie sich mit dem Wort „Demokratie" als Deckmantel schmücken, nicht am Wohl der Bürger*innen interessiert, sondern in erster Linie am Erhalt der Herrschaft der jeweiligen Machthaber. Ziel dieser Systeme ist nicht die individuelle und gemeinschaftliche Selbstverwirklichung der Menschen auf der Basis gemeinsamer Werte, sondern Überwachung und Unterdrückung zwecks Zementierung der autoritären Machtverhältnisse. Ihr Menschenbild ist nicht auf menschliche Höherentwicklung und das gute Leben für die größtmögliche Anzahl ihrer Bürger*innen und anderer dort lebender Menschen ausgerichtet; sie streben daher nicht zivilisatorischen Fortschritt an, sondern die Verfestigung bestehender Verhältnisse.

Wollen wir uns wirklich so eine Welt ausmalen? In der die liberale Demokratie ausgelöscht ist? In der Diktaturen und Pseudo-Demokratien kritische Medien verbieten und jegliche Opposition im Keim ersticken? Ich wette, auch Sie wollen eine solche Welt nicht erleben. Wenn Sie aber wissen, dass aktuell nur etwa 25 Prozent aller Staaten als liberale Demokratien angesehen werden können (und etliche dieser Länder vor enormen demokratiepolitischen Herausforderungen stehen), dann können Sie ermessen, dass dieses Gedankenexperiment gar nicht so abwegig ist, wie es auf den ersten Blick erscheint. Es ist wie mit dem Klima: So wie wir uns über Jahrzehnte zu sehr darauf verlassen haben, dass die für menschliche Zivilisation günstigen klimatischen Verhältnisse für immer stabil bleiben, so gehen die meisten Menschen, die in liberalen Demokratien leben dürfen, wohl davon aus, dass deren Vorzüge auf ewig gesichert sind.

Die Aufrechterhaltung und zukunftsfähige Weiterentwicklung der liberalen Demokratie ist aber keine Selbstverständlichkeit, nichts, dass von allein geschieht und in alle Zukunft garantiert ist. Ganz im Gegenteil: Eine funktionierende liberale Demokratie erfordert zivilisatorische Schwerarbeit von allen, die eine zunehmend totalitäre Welt verhindern wollen. Ich schreibe dies in einer Zeit, in der die russische Aggression gegen die Ukraine und die in weiten Teilen der Welt beobachtbaren Angriffe gegen die Würde des Menschen uns schmerzhaft bewusst machen, wie sehr die liberale Demokratie und ihre Werte bedroht sind.

Investieren wir in die Kraft der Bildung: Je mehr wir uns der Funktionsweisen und Qualitäten liberal-demokratischer Systeme bewusst sind, umso eher durchschauen wir die Machenschaften und Manipulationsmethoden ihrer Gegner. Je mehr wir die Werte und Grundrechte liberal-demokratischer Staaten zu schätzen wissen, umso mehr werden wir bereit sein, für sie zu kämpfen. Menschen, die verstehen, was wirklich auf dem Spiel steht, werden für die Demokratie auf die Barrikaden gehen – oder sich ihr restliches Leben lang vorwerfen, nichts gegen deren Auslöschung unternommen haben.

Die meisten von Ihnen werden bereits durchschaut haben, warum ich Ihnen das Horrorszenario vom Ende der Demokratie aufgetischt habe – ein Szenario, das so unvorstellbar erscheint, dass wir schon den entferntesten Gedanken daran ausblenden und lieber zur Tagesordnung übergehen. Es ist ähnlich unvorstellbar, wie die desaströsen Folgen, die uns mit dem Erreichen von Kipppunkten in der Klima- und ökologischen Gesamtkatastrophe drohen – mit dem nicht unwesentlichen Unterschied, dass davor seit Jahren nachdrücklich gewarnt wird. Leider mit nur geringem Erfolg: Derzeit steuert die Menschheit auf eine Erderhitzung von drei Grad zu.

Stellen wir uns zusätzlich also eine Welt 2040 vor, in der viele der schlimmsten Vorhersagen der Klima-, Umwelt- und Biodiversitätswissenschaften bereits eingetroffen sind – nicht nur auf fernen Kontinenten, sondern mitten in Europa, sogar direkt vor unserer Haustür. Stellen wir uns eine Welt vor, in der wir uns jeden Tag vor neuen Wetterkapriolen fürchten, in der Waldbrände und Feuer oder sintflutartige Überschwemmungen eine Spur der Verwüstung ziehen, in der Stechmücken gefährliche tropische Krankheiten zu übertragen drohen oder unerträglich heiße Sommertage und -nächte in den kochenden Betonwüsten der Städte nicht nur unzählige Hitzetote generieren, sondern zu Gewaltexzessen führen. Stellen wir uns eine Welt vor, in der liberale Demokratien im Chaos entfesselter Erderhitzung versinken und der Ruf nach dem starken Mann zur Entmachtung von Justiz und Parlamenten führt, eine Welt, in der nur mehr autoritäre Regime, gestützt auf Künstliche Intelligenz und deren Drohnen und sonstige Roboter, überleben können!

Klima und Demokratie sind zwei Mega-Baustellen menschlicher Zivilisation. Und sie sind eng miteinander verbunden. Ich teile die Einschätzung von Greta Thunberg, dass Demokratie das wichtigste Werkzeug ist, über das wir verfügen, um unsere künftigen Lebensbedingungen zu sichern und nachhaltig weiterzuentwickeln.

3 Vgl. Thunberg, Greta: *The Climate Book,* 2022, S. 433

Auch die meisten Expert*innen stimmen darin überein, dass eine funktionierende liberale Demokratie grundsätzlich über bessere Voraussetzungen für effektive Klimamaßnahmen verfügt als ein autoritäres System. Die politischen Prozesse der liberalen Demokratie mögen träge und umständlich erscheinen. Die ihr zugrundeliegenden Grundrechte und Werte können aber in einer sich durch Inklusion und Diversität auszeichnenden offenen Gesellschaft völlig neue Gestaltungsräume schaffen und das Spannungsverhältnis zwischen Unternehmenspraktiken und Konsumverhalten einerseits und progressiven ökosozialen Forderungen der Zivilgesellschaft andererseits kreativ nutzen. Im besten Fall treffen *bottom-up*-Bewegungen, flankiert von aktivistischen Wissenschaftler*innen und Kunstschaffenden, auf aufgeklärte Staatslenker*innen und Parlamente, kundige, engagierte Bürger*innen und innovationsbesessene Unternehmer*innen und inspirieren einander zu mutigen Schritten. Davon sind wir derzeit in den meisten Demokratien weit entfernt, aber nichts hindert uns daran, das wunderbare Instrumentarium der liberalen Demokratie mit neuem Leben zu erfüllen. Der Fantasie sind dabei kaum Grenzen gesetzt, und im Wettbewerb der coolsten Lifestyle-Modelle können Demokratien bekanntlich leichter punkten als autoritäre Systeme.

Wenn aber Demokratie das wichtigste Werkzeug sein soll, um unsere künftigen Lebensbedingungen zu sichern und nachhaltig weiterzuentwickeln, dann müssen wir unsere liberalen Demokratien grundlegend neu denken und neu fühlen. Ich würde sogar noch weiter gehen: *Die Notwendigkeit der Bewältigung der Klima- und ökosozialen Gesamtkrise bietet liberalen Demokratien die Jahrhundert-Chance zu ganzheitlicher Erneuerung.* Denn Schlüsselansätze einer regenerativen Zivilisation wie etwa gelebte Kreislaufkultur, radikale Transparenz bei Unternehmen zur Vermeidung der Vortäuschung umweltfreundlichen Verhaltens *(Greenwashing)* oder die konsequente Anwendung des Sieben-Generationen-Prinzips fördern nicht nur Austausch und schaffen Vertrauen, sondern eröffnen bisher unbekannte Spielräume angewandter Demokratie. Diese Spielräume ökosozialer Erneuerung mit Leben zu erfüllen und gemeinsam beherzt zu gestalten, ist die Aufgabe aller, denen die Zukunft der liberalen Demokratie ein Anliegen ist. Auf diesem Weg landet man früher oder später immer bei Fragen der Gerechtigkeit.

Die Bewältigung der Klima- und ökosozialen Gesamtkrise wird auf Dauer nur gelingen, wenn die Maßnahmen, die ergriffen werden, zugleich zur nachhaltigen Verringerung der sozialen Ungleichheit beitragen. Berichte zu diesem Thema konstatieren allerdings in jüngster Zeit einen Anstieg der Ungleichheit in der Welt: Während die reichsten Menschen und mächtigsten Konzerne der Welt extrem hohe Gewinne machen, erlebt ein großer Teil der Menschheit wachsende Armut.

4 Vgl. beispielsweise https://www.oxfam.de/ueber-uns/publikationen/oxfams-bericht-sozialer-ungleichheit-umsteuern-soziale-gerechtigkeit

Eine Schieflage, die sich auch in den klimaschädlichen Emissionen zeigt, wenn man sie einmal auf den Einzelnen herunterbricht. So ist die ärmere Hälfte der Welt nur für etwa zehn Prozent des weltweiten Kohlendioxidausstoßes verantwortlich, das reichste ein Prozent hingegen für fünfzehn Prozent – wie untenstehende Grafik beweist.

5 https://cdn.statcdn.com/Infographic/images/normal/26885.jpeg

Der deutsche Soziologe Stephan Lessenich hat in einer provokanten Analyse den Widerspruch offengelegt, warum, wenn doch der Lebensstil der Wohlhabenden und Reichen ganz offensichtlich so umweltschädlich ist, sie dann trotzdem in vergleichsweise intakten Umwelten leben, so wie wir es aus den Ländern des Globalen Nordens kennen, während der ärmere Teil der Welt zwar weniger umweltschädlich lebt, die Umwelt in seinen Ländern, die zumeist die Länder des Globalen Südens sind, stärker zerstört wirkt. Den Mechanismus, den Lessenich als Erklärung dafür angibt, bezeichnet er als „Externalisierung“, womit er meint, dass die Länder des Globalen Nordens die ökologischen und sozialen Kosten ihres Wohlstandes an andere Länder, zumeist jene des Globalen Südens, weitergeben. Anders gesagt: Wir im Westen lagern Armut und Ungerechtigkeit in andere Teile der Welt aus – wir „externalisieren“ – und leben somit nicht nur über unsere eigenen Verhältnisse, sondern auch über die Verhältnisse der anderen. „Externa-

Der riesige CO_2-Fußabdruck der Reichen

Anteil der Einkommensschichten an den globalen CO_2-Emissionen

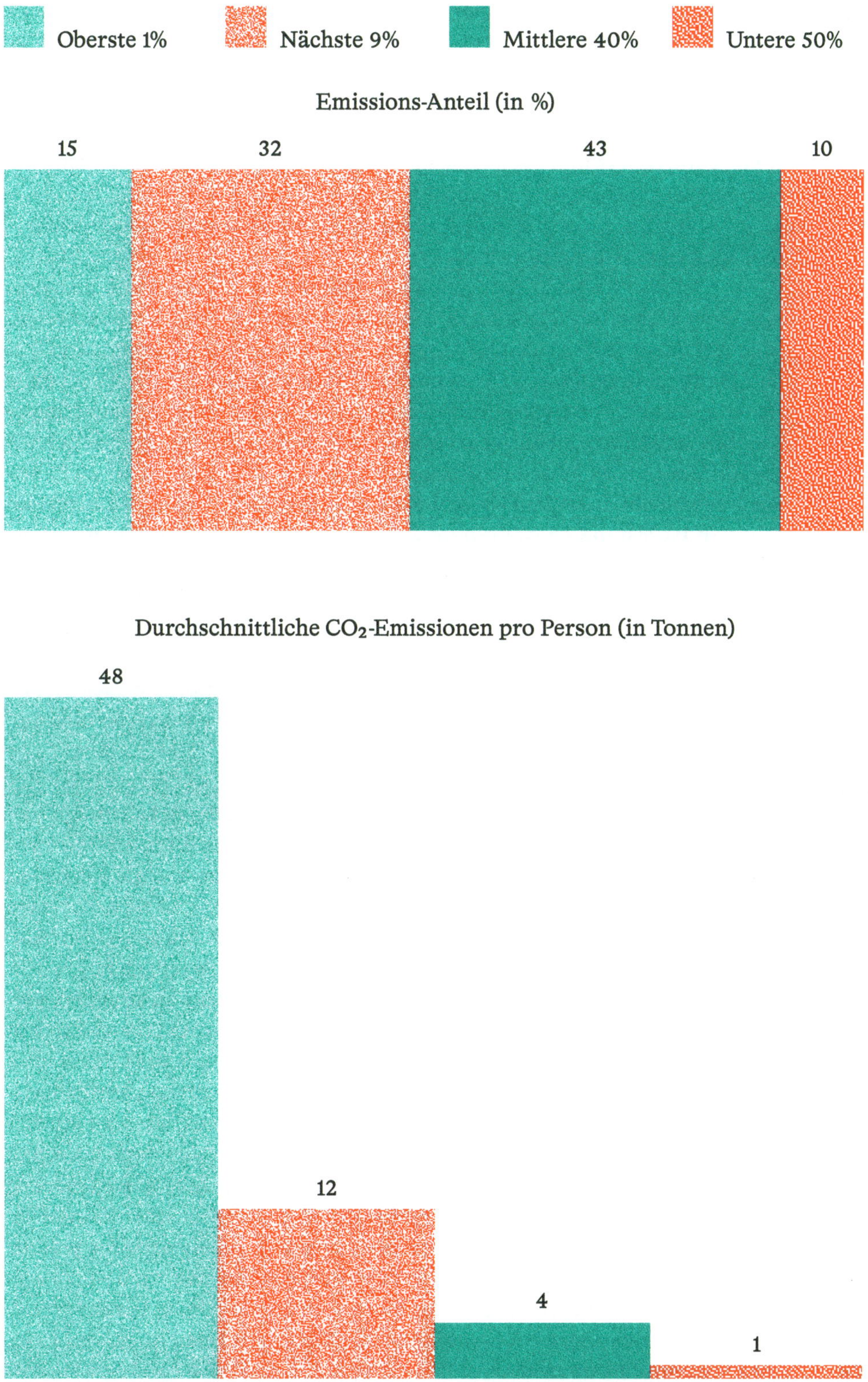

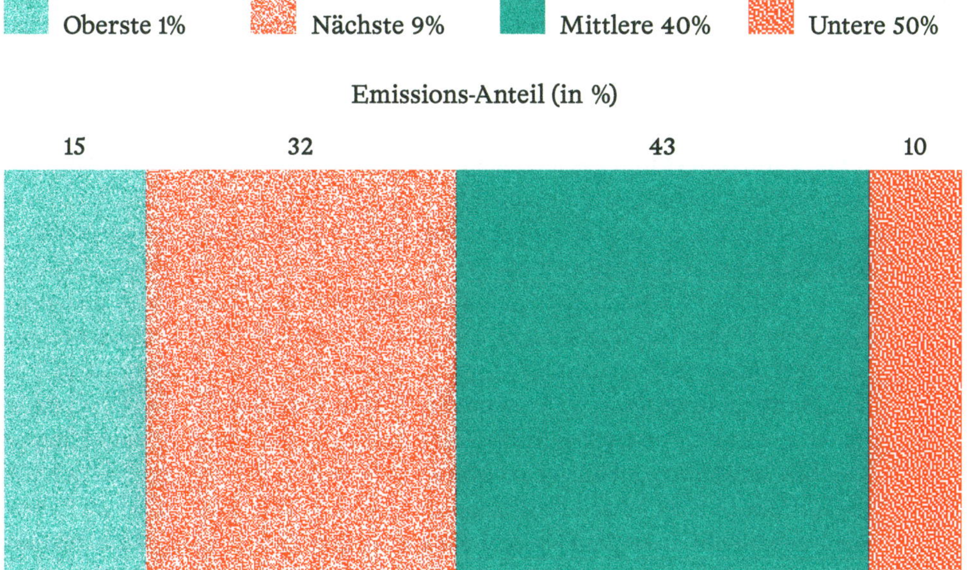

Durchschnittliche CO_2-Emissionen pro Person (in Tonnen)

48

12

4

1

Quelle: Carbonbrief / Statista

lisierung heißt [...]: Ausbeutung fremder Ressourcen, Abwälzung von Kosten auf Außenstehende, Aneignung der Gewinne im Innern, Beförderung des eigenen Aufstiegs bei Hinderung [...] des Fortschreitens anderer. [...] Und ihre Träger sind nicht allein Großkonzerne und Staatslenker, nicht nur wirtschaftliche Eliten und die politisch Mächtigen. [...] Sie wird auch getragen von dem stillen Einvernehmen und der aktiven Beteiligung großer gesellschaftlicher Mehrheiten. ‚Wir', die Bürgerinnen und Bürger der selbst erklärten ‚westlichen' Welt, [...] leben in einer Gesellschaft, die sich auf dem Weg der Externalisierung – auf Kosten und zulasten anderer – stabilisiert und reproduziert und die sich überhaupt nur auf diese Weise zu stabilisieren und zu reproduzieren vermag."

6 Lessenich, Stephan: *Neben uns die Sintflut. Wie wir auf Kosten anderer leben,* 3. Aufl. 2020, S. 24–26

Diese Kritik richtet sich aber nicht nur an Reiche. Denn die aktuelle – der Steigerungslogik entsprechende – Mentalität des „Alles haben und dennoch mehr wollen" charakterisiert nicht nur die oberen Zehntausend dieses Planeten und deren Lebensumstände, Interessenlagen und Handlungsziele. „Es ist im Kern zugleich auch eine durchaus zutreffende Beschreibung der Lebensweisen, Gefühlslagen und Zukunftswünsche breiter gesellschaftlicher Mehrheiten in den wohlhabenden Ländern der Welt. Alles zu haben und noch mehr zu wollen ist kein Einstellungsprivileg derer ‚da oben'. Den eigenen Wohlstand zu wahren, indem man ihn anderen vorenthält, ist das unausgesprochene und uneingestandene Lebensmotto der ‚fortgeschrittenen' Gesellschaften im globalen Norden – und ihre kollektive Lebenslüge ist es, die Herrschaft dieses Verteilungsprinzips und die Mechanismen seiner Sicherstellung vor sich selbst zu verleugnen. Im Weltmaßstab der nationalen Reichtumsverteilung gesehen, stehen nämlich wir Durchschnittsdeutsche ‚ganz oben' – und sehen über die Verhältnisse ‚da unten' gerne souverän hinweg."

7 Lessenich 2020, S. 19

Diese Ausführungen machen deutlich, welche schädlichen Umweltwirkungen unser Lebensstil und speziell unsere Konsumgier haben. Wir halten uns für umweltbewusst, leben tatsächlich aber auf Kosten anderer bzw. auf Kosten der Umwelt von anderen. Die Palmölplantagen und die Sojafelder, für die der Regenwald abgeholzt wird, liegen nicht bei uns, wir sehen nur die billige Schokolade und das günstige Fleisch. Es versteht sich von selbst, dass sich eine solche Schieflage nicht mit unserem Anspruch, zu einem fairen Miteinander und einem nachhaltigen Umgang mit der Natur zu kommen, verträgt. Aber es ist nicht nur die Schieflage zwischen Ländern, die einen ökosozial verantwortungsvollen Klimaschutz erschwert, es ist auch das soziale Gefälle innerhalb eines Landes. Dass soziale Ungleichheit das gesellschaftspolitische Klima vergiftet und gerade in liberalen Demokratien zu erheblichen Spannungen führen kann, zeigte der Protest der Gelbwestenbewegung gegen die zur Finanzierung der Energiewende geplante höhere Besteuerung von Diesel und Benzin 2018/19 in Frankreich. Wenn die Menschen das Gefühl haben, das System sei ihnen gegenüber ungerecht, gehen sie nicht nur auf die Straße, sondern bringen auch in der Wahlzelle ihre Wut zum Ausdruck. Soziale Ungleichheit untergräbt das breite Fundament, das es für die grundlegende Erneuerung von Gesellschaft und Wirtschaft braucht. Ein gefundenes Fressen für Populisten!

Es ist offensichtlich: Für die Umkehr aus der Sackgasse der fossilen Wachstumsgesellschaft ist eine radikale Transformation von Wirtschaft und Gesellschaft unumgänglich, und zwar nicht irgendwann, sondern in diesem Jahrzehnt. Die Klimakrise erhält zwar unter den Umweltthemen die stärkste mediale, politische und wirtschaftliche Aufmerksamkeit, doch wird eine Große Transformation nur gelingen, wenn wir die Klimafrage von vornherein mit anderen ökologischen Mega-Herausforderungen wie dem dramatischen Artensterben, der Zerstörung von Ökosystemen und dem Raubbau an den Ressourcen der Erde sowie den sozialen Dimensionen dieser Krisen zusammendenken, zumal sie in vielfältiger Weise miteinander verbunden sind und nur mit *ganzheitlichem Ansatz* bewältigt werden können. Ganzheitlicher Ansatz bedeutet, dass Entscheidungen in einem Teilbereich immer in Ansehung des großen Ganzen getroffen werden müssen, um zu vermeiden, dass sie negative Auswirkungen auf das Gesamtsystem haben oder Entscheidungen in anderen Teilbereichen konterkarieren. Sie kennen das Problem von Ihrem Körper. Bei Erkrankungen ist stets auf die Nebenwirkungen der gewählten Behandlung zu achten. Letztlich braucht es einen ganzheitlichen Blick auf den eigenen Körper, um nicht nur immer wieder auftretende Symptome zu lindern, sondern möglichst die Ursachen zu bekämpfen. Der Körper ist schon komplex genug, aber ein so vielschichtiges und fein austariertes System wie das Erdklima erfordert ein ganzheitlich ausgeklügeltes Paket von Maßnahmen, die perfekt aufeinander abgestimmt sind, damit nicht die Behebung des einen Problems ein anderes hervorbringt oder verstärkt.

8 Zu dieser überaus komplexen Thematik vergleiche auch Berg, Christian: *Ist Nachhaltigkeit utopisch? Wie wir Barrieren überwinden und zukunftsfähig handeln,* Der neue Bericht an den Club of Rome, 2020, S. 44f sowie S. 101–109

Die Auseinandersetzung mit der Klimakrise darf daher keinesfalls auf die technischen Dekarbonisierungsmaßnahmen reduziert werden, so notwendig diese auch sind, sei es in der Energiewirtschaft, in der Industrie, bei Gebäuden, in der Mobilität, in der Landwirtschaft und in anderen Bereichen. Denn wir sind eben nicht nur mit einer Klimakrise, sondern mit einer ökosozialen Gesamtkrise konfrontiert, und das Artensterben verdient nicht weniger Aufmerksamkeit als die Erderhitzung. Diese Krisen können einander verstärken und werden sich nur zusammen bewältigen lassen.

Daher muss effektiver Klimaschutz immer auch als soziales Großprojekt begriffen werden. Die zur Bekämpfung der Erderhitzung erforderliche Transformation von Gesellschaft und Wirtschaft kann sich nur entfalten, wenn sie auf solidem Boden steht. Regeneration muss als riesige gemeinsame Aufbauarbeit verstanden und mit Hingabe gelebt werden, so wie es bei der (damals allerdings fossil ausgerichteten) Wiederaufbauarbeit nach dem Zweiten Weltkrieg der Fall war. Halten wir daher in aller Deutlichkeit fest: Ökologie und die soziale Frage sind untrennbar miteinander verbunden. Zukunftsgestaltung ist nicht nur eine ökologische Mega-Herausforderung, sie ist auch ein umfassendes und vielschichtiges soziales Projekt, das dauerhafte soziale Gerechtigkeit anstrebt. Dies betrifft die wachsende soziale Ungleichheit sowohl innerhalb vieler Staaten als auch zwischen Globalem Norden und Süden. Zugleich bedarf es eines grundlegend neuen Verständnisses der Rolle des Menschen, nämlich einer „mehr-als-menschlichen“ Haltung, die uns Menschen nicht mehr als alleiniges Zentrum der

Erde betrachtet, sondern als eine – wenn auch mit besonderen Eigenschaften ausgestattete – Spezies unter vielen, eine Spezies, die alle Spezies achtet und begreift, dass sie selbst in vielfältiger Weise auf die Zusammenarbeit mit anderen Spezies angewiesen ist.

Wir Menschen bilden sowohl in der Klima- und Biodiversitätskrise als auch bei der Weiterentwicklung Künstlicher Intelligenz eine *globale und generationenübergreifende Schicksalsgemeinschaft.* Kommt es zu einer irreversiblen Katastrophe (z.B. Schmelzen alles Eises an den Polen bzw. die Erfindung unkontrollierbarer Künstlicher Superintelligenz), wird die gesamte Menschheit in alle Zukunft darunter leiden. Es braucht daher eine enge Kooperation sämtlicher Staaten – aus Sicht liberaler Demokratien also auch mit jenen 75% an Ländern, die als illiberal oder gar als autoritäre Systeme zu qualifizieren sind. Mit ihnen zu diesen Schlüsselthemen konstruktiv und ergebnisorientiert zusammenzuarbeiten, wird liberalen Demokratien angesichts ihres höheren ethischen Anspruchs großes Geschick abverlangen. Umso wichtiger ist ihre eigene innere Erneuerung.

Die Freiheit der Kunst ist eine der herausragenden Stärken liberaler Demokratien. Wir verbinden gerade mit der Kunst die Hoffnung, dass sie mit ihrer Überzeugungskraft zum Treiber umfassender demokratischer Erneuerung wird. Gerade dort, wo die Wissenschaften an ihre Grenzen stoßen, Menschen mit ihren Erkenntnissen anzusprechen und emotional zu berühren, sind wir auf Kunstschaffende und Kreative angewiesen, die Klimafrage sichtbar zu machen, alternative Bilder und Narrative zu entwickeln und neuartige Vorstellungswelten zu eröffnen. Es wäre wunderbar, wenn die Kunst in der Vielfalt ihrer Sparten die fast überall bemerkbare Verarmung der liberalen Demokratien stoppen und ihnen zu neuem Aufschwung verhelfen würde; eine solche Strategie der Kunst wäre auch folgerichtig, weil Freiheit nicht nur für die Kunst unverzichtbar ist, sondern auch eine der Grundlagen der liberalen Demokratie. Die Freiheit der Kunst könnte somit zum Nukleus für die Wiedergeburt der Demokratie aus dem Geist einer sich entwickelnden Klima-Moderne werden. Wer wenn nicht die Kunstschaffenden verschiedenster Sparten haben die Imagination, die liberale Demokratie grundlegend anders zu denken, wer wenn nicht sie die Energie, die in Routine erstarrten oder sogar disruptiv zersetzten Prozesse der liberalen Demokratie experimentell, transdisziplinär und partizipativ neu zu beleben, wer wenn nicht sie besitzen die Magie, die stumpf gewordenen Instrumente der liberalen Demokratie in leuchtende Werkzeuge engagierter ökosozialer Zukunftsgestaltung zu verwandeln?

Es genügt nicht, den Status Quo zu schützen. Seien wir mutig – wir brauchen eine Demokratie-Revolution auf allen Ebenen! Denn nur liberale Demokratien haben den „Lifestyle-Appeal", um die übrige Welt auf eine neue, zukunftsfähige Lebens- und Wirtschaftskultur einzuschwören. Die Klima- und ökosoziale Gesamtkrise bietet liberalen Demokratien für kurze Zeit die Gelegenheit, ein historisches *window of opportunity,* nicht nur sich selbst zu erneuern, sondern zugleich Themenführer bei der Bewältigung der größten Herausforderung des 21. Jahrhunderts zu werden. Arbeiten wir daran, dass unsere liberalen Demokratien durch Rückbesinnung auf ihre Werte und vor allem aus der Freiheit der Kunst heraus die Kraft zu umfassender Erneuerung schöpfen! Lasst uns liberale Demokratien neu denken und fühlen!

Zu Beginn dieses Kapitels habe ich Sie mit einem düsteren Gedankenexperiment schockiert. Wenden wir die dort beschriebene Dystopie ins Positive und malen wir uns eine Welt 2040 aus, in der die Menschheit durch eine Demokratie-Revolution fast alles richtig gemacht hat, eine Welt sozial gelebter Klimafürsorge, in der wir rechtzeitig begriffen haben, dass es ums Ganze geht, eine Welt, in der blühende liberale Demokratien aus der Klima- und ökosozialen Gesamtkrise die Kraft für grundlegende Erneuerung schöpfen konnten und sich durch gestalterische Kreativität und wirtschaftliche wie gesellschaftliche Modellinnovationen weltweiten Vorbildcharakter bei der Entwicklung einer auf sauberen Energien basierenden, regenerativen Lebens- und Wirtschaftskultur erarbeitet haben! Malen wir uns eine globale demokratische Aufbruchsbewegung aus, die mit ihren regenerativen Botschaften Milliarden von Menschen in ihren Bann zieht, weil sie deren Herzen erreicht! Stellen wir uns eine Welt vor, in der die Menschen und Unternehmen ihre Würde wiedergewinnen, weil sie ihre Konsumgier und Profitobsession überwinden und sich gemeinsam für die Würde der Natur und anderer Spezies begeistern! Stellen wir uns ein neues Zeitalter regenerativer Intelligenzexplosionen vor, in der Künstliche Intelligenz zum loyalen Helfer der Menschheit im Einklang mit der Natur mutiert ist!

Was hindert uns, eine solche Welt zu verwirklichen? Welchen Maßstab und Antrieb braucht es für unsere Verwandlung in eine regenerative Qualitätsgesellschaft?

3

Die Resonanztheorie als Ausgangspunkt für Klimaresonanz

Der Klima- und ökosozialen Gesamtkrise können wir nicht durch Fortschreiben der ökologisch verheerenden und sozial entfremdenden Steigerungslogik der letzten Jahrzehnte begegnen. So viel ist inzwischen klar. Eine der Grundvoraussetzungen für das Gelingen der Großen Transformation von Wirtschaft und Gesellschaft ist, dass wir einen Zwang abstreifen, den uns die fossile Industrialisierungsgesellschaft auferlegt hat – den Zwang alles und jeden zu beschleunigen. Der bereits erwähnte Soziologe Hartmut Rosa hat den Mechanismus hinter diesem Zwang als „dynamische Stabilisierung" analysiert und in ihm das prototypische Strukturmerkmal moderner Gesellschaften erkannt. Dynamische Stabilisierung heißt für Rosa, dass moderne Gesellschaften und die durch sie hervorgebrachten Einrichtungen ihre Struktur nur durch laufende Steigerung erhalten können, dass sie also auf stetiges wirtschaftliches Wachstum, unentwegte technische Beschleunigung und eine Kultur der Innovationsverdichtung – im Sinn des Aufeinanderfolgens technischer, organisatorischer oder sozialer Neuerungen in immer kürzeren Zeitabständen – angewiesen sind. Beschleunigung sei somit ein Hauptmerkmal der Moderne.

Das „zentrale Bestreben der Moderne gilt der Vergrößerung der eigenen Reichweite", so Rosa.

9 Rosa, Hartmut in: Reckwitz Andreas; Rosa, Hartmut: *Spätmoderne in der Krise. Was leistet die Gesellschaftstheorie?* 2021, S. 185-200

In unserer Steigerungsgesellschaft wächst also die Erwartung aller an alle, möglichst viel vom Überangebot der Welt möglichst sichtbar zu konsumieren. Aus Perspektive der Einzelperson bedeutet diese „Weltreichweitenvergrößerung", dass ich versuche, an immer mehr Geld heranzukommen, um mir mit diesem Geld immer tollere Produkte und Erlebnisse zu verschaffen (das neueste Automodell, die hippsten Klamotten, das gerade gehypte Restaurant, die angesagteste Fernreise) und andere damit immer stärker zu beeindrucken. Ich trachte also danach, durch immer aufwändigeren Konsum meine Teilhabe an den Annehmlichkeiten, die der Kapitalismus zu bieten hat, laufend auszuweiten, auch wenn ich dafür noch mehr Geld verdienen und meinen Arbeitseinsatz erhöhen muss. Ich tue das vielleicht sogar weniger aus persönlichem Drang heraus, sondern weil ich mich unter Beobachtung meiner Umgebung wähne, egal ob im Verwandten-, Freundes- oder Bekanntenkreis oder auch unter wildfremden Menschen, und ich mir einbilde, dass ich nur dann etwas zähle, wenn ich meine beeindruckende Weltreichweite ständig unter Beweis stelle und sie möglichst sichtbar immer weiter steigere (das noch coolere Auto, die noch gefragtere Modemarke etc.). Das betrifft nicht nur die Reichen und Superreichen in der ganzen Welt, sondern erstreckt sich über ein breites gesellschaftliches Spektrum, mit jeweils abgestuften Objekten der Begierde (daher auch der Riesenerfolg großer Outlet-Centers). Die Einzelperson versucht also, sich die Welt immer mehr verfügbar zu machen.

Ähnliches gilt auch aus der Perspektive der Gesamtgesellschaft. In der Steigerungsgesellschaft zielt jede Gemeinde, jede Stadt, jede Region, jedes Bundesland, jeder Staat, aber auch eine supranationale Organisation wie die Europäische Union auf Wachstum und stete Steigerung der Potenziale. „Das kulturelle Spezifikum der modernen Sozialformation liegt also darin, dass die Essenz des Guten nicht in der *Realisierung oder Erfüllung* einer bestimmten

Möglichkeit gesucht und erfahren wird, sondern in der (stetigen und schrankenlosen) *Erweiterung der Möglichkeiten.*“

10 Rosa 2021, S. 196

Es geht also um die Akkumulation von Ressourcen. Individuelle Akteur*innen können ihre eigene Weltreichweite buchstäblich an ihren Kontoständen ablesen.

Man könnte es auch in den Worten des Dalai Lama ausdrücken, der, danach befragt, was ihn an der Menschheit am meisten überrasche, zur Antwort gab: „Der Mensch. Er opfert seine Gesundheit, um Geld zu verdienen. Wenn er es hat, opfert er es, um seine Gesundheit zurückzuerlangen. Und er ist so auf die Zukunft fixiert, dass er die Gegenwart nicht genießt. Das Ergebnis ist, dass er weder die Gegenwart noch die Zukunft lebt. Er lebt, als würde er nie sterben, und schließlich stirbt er, ohne jemals richtig gelebt zu haben.”

11 https://www.careelite.de/dalai-lama-zitate-sprueche/

Hartmut Rosa hat mit „Resonanz“ die meines Erachtens schlüssigste Grundtheorie für die Weiterentwicklung der fossilen Beschleunigungs-Moderne zu einer nachhaltigen Qualitäts-Moderne vorgelegt. Denn, wie Rosa überzeugend argumentiert, ist die Antwort auf die unentwegte Beschleunigung unserer Zivilisation nicht Entschleunigung, sondern eben Resonanz.

12 Siehe dazu ausführlich Rosa, Harmut: *Resonanz. Eine Soziologie der Weltbeziehung,* 2016

Entschleunigung würde heißen, sich aus den Prozessen und Abläufen heutigen Lebens weitestgehend auszuklinken, was nur für echte Aussteiger*innen eine Option ist. Resonanz bedeutet hingegen eine Abkehr von der Steigerungslogik der Moderne, indem sie die Qualität menschlichen Lebens nicht in der Währung von Ressourcen und Optionen misst, sondern in *gelingenden Beziehungen zur Welt.* Vereinfacht gesprochen meint Resonanz einen *vibrierenden Draht* zwischen Menschen, aber auch zwischen einem Menschen und einem Ding, der Natur, einem Kunstwerk, einer Idee. In Physik und Technik ist mit Resonanz das verstärkte Mitschwingen eines schwingfähigen Systems angesprochen, in der Musik das Mitschwingen der Hohlkörper von Instrumenten, das die Lautstärke des Klanges steigert und ihn voller macht. Das geht in eine ähnliche Richtung.

Rosa unterscheidet fünf Kern-Momente einer Resonanzbeziehung:

13 Siehe auch seinen besonders anschaulichen Beitrag *Hören und Antworten* in: *Die Presse,* 20.9.2018, erschienen anlässlich der Auszeichnung Rosas mit dem Paul Watzlawick Ehrenring, bei der ich die Laudatio halten durfte

Erstens: Wir sind mit einem Menschen, aber beispielsweise auch mit einer Landschaft, einem Tier, einem Musikstück oder Kunstwerk, einem Alltagsobjekt oder einer Idee in Resonanz „wenn sie uns gleichsam ‚inwendig‘ erreichen, berühren oder bewegen.“ Rosa nennt dies *Affizierung:* Plötzlich spricht uns etwas an und bewegt uns von außen. Zur Resonanz gehört zweitens, „dass wir auf diese Berührung antworten, dass wir auf den Impuls reagieren“, im Sinn einer Emotion als unserer Antwort nach außen, die daher *Selbstwirksamkeit* erzeugt. Derartige Resonanzerfahrungen verwandeln uns, entweder tiefgreifend oder auch nur als kleinere Verwandlung, etwa indem sie unsere Stimmung hebt; das dritte Resonanzmerkmal ist daher die eigene (umfassendere oder auch nur geringfügige) *Transformation.* Doch Resonanz lässt sich nicht instrumentell herstellen, es gibt keine Methode, keinen Ratgeber, um zu gewährleisten, dass sich beispielsweise am Heiligen Abend im Zusammensein mit den eigenen Lieben nach all dem Vorweihnachtsstress tatsächlich ein Wohlgefühl einstellt; das vierte Merkmal der Resonanz ist also ihre *Unverfügbarkeit.* „Ob sich Resonanz einstellt, und wenn ja, wie lange sie dauert, lässt sich niemals vorhersagen." Unverfügbar sei Resonanz aber noch in einem anderen, entscheidenderen Sinne: „Wenn sie eintritt, verwandeln wir uns, aber es ist unmöglich vorherzusagen, was das Ergebnis der Verwandlung sein wird, was beispielsweise bei einem Gespräch, in dessen Verlauf die beiden Beteiligten in Resonanz treten, herauskommen wird." Aufgrund ihrer konstitutiven Ergebnisoffenheit steht Resonanz „in einem grundlegenden Spannungsverhältnis zur sozialen Logik der unablässigen Steigerung und Optimierung." Während die Moderne darauf ausgerichtet und dazu gezwungen sei, die Welt in allen Hinsichten berechenbar, beherrschbar, vorhersagbar, verfügbar zu machen, sei es durch wissenschaftliche Erkenntnis, technische Beherrschung, politische Steuerung oder ökonomische Effizienz, sei Resonanz etwas, das sich nicht verfügbar machen lasse: „Wir können die teure Sahara-Safari [...] kaufen, nicht aber die Naturresonanz." Eine Resonanzerfahrung wird im Gegenteil „vielleicht umso unwahrscheinlicher, je verfügbarer wir sie zu machen versuchen." Fünftes und letztes Merkmal der Resonanz ist, dass sie eines *entgegenkommenden Resonanzraumes* bedarf. „Es hängt nämlich durchaus von den Bedingungen ab, ob wir prinzipiell resonanzfähig, oder resonanzsensibel, sind oder nicht. Dazu zählen physische Bedingungen ebenso wie psychische." Resonanzfähigkeit bedeutet daher grundsätzlich Verletzbarkeit – „wir müssen bereit sein, uns auf eine nicht-vorhersagbare Weise berühren und verwandeln zu lassen. [...] Die effizientesten Resonanzkiller [...] sind Zeitdruck, Angst und Konkurrenz. [...] Wer mit anderen konkurriert, darf mit ihnen nicht resonieren; er muss ihnen strategisch begegnen. [...] Wir bezahlen dann mit einer immer weiter um sich greifenden Entfremdung, deren Symptome im prekären, aggressiven Weltverhältnis der Wutbürger zutage treten [...]"

Rosa schlägt vor, mindestens drei Dimensionen der Welt- und damit der Resonanzbeziehung zu unterscheiden: Eine *horizontale Dimension,* welche die sozialen Beziehungen zu anderen Menschen, also etwa Freundschaften oder Intimbeziehungen oder auch politische Beziehungen, umfasst. Eine (etwas umständlich) als *diagonal* bezeichnete Dimension der Beziehungen zur Dingwelt und schließlich die Dimension der Beziehung zur Welt, zum Dasein oder zum Leben als Ganzem, also zur Welt als einer Totalität, die er als *vertikale* Dimension bezeichnet, weil das empfundene Gegenüber dabei als über das Individuum hinausgehend erfahren wird. In vertikalen Resonanzerfahrungen erhält gewissermaßen die Welt selbst eine Stimme.

Nach Rosa ist Resonanz das Versprechen der Moderne. Da ihre innere Logik aber durch den Drang nach Steigerung bestimmt ist, wird ihre Realität eben nicht von Resonanz dominiert, sondern von Entfremdung. Zeitdruck, Angst und unerbittlicher Wettbewerb verschlechtern die Bedingungen für Resonanz, sodass Resonanzachsen nach und nach verstummen. Unablässig versuche der moderne Mensch, die Welt in Reichweite zu bringen, stets in der Hoffnung auf mehr Resonanz. Gerade dadurch drohe sie uns jedoch stumm und fremd zu werden. Mit anderen Worten: Wir streben unablässig und unter immer größerem Zeitdruck nach noch *mehr* – nach den neuesten Produkten (obwohl viele davon überflüssige Gadgets sind oder die bisher verwendeten Geräte noch bestens funktionieren), nach den gerade angesagten Dienstleistungen (obwohl viele entbehrlich erscheinen), nach noch aufwändigeren Erlebnissen (obwohl die dafür aufgewendeten Ressourcen in keinem Verhältnis zum Ergebnis stehen). Dabei verfangen wir uns in einem zunehmend dichter gesponnenen Konsumnetz, in dem uns zwar das Blaue vom Himmel versprochen wird, wir uns aber immer weniger daran erfreuen können, entweder aufgrund geringer Qualität oder weil es uns schlicht an Zeit mangelt.

Wir verwechseln also Weltreichweite mit Lebensqualität. Denn wie uns nicht zuletzt die Corona-Pandemie lehrte, geht es nicht darum, binnen kürzester Zeit möglichst viel zu konsumieren, sondern *Zeitwohlstand* zu schaffen, die Beständigkeit von Produkten zu schätzen und das Besondere wirklich zu genießen: lieber ein herausragendes Schnitzel vom regional gezüchteten Duroc-Schwein alle paar Wochen statt ein schlechtes täglich; lieber ein exzellent gestaltetes elektronisches Gerät, das viele Jahre oder vielleicht sogar Jahrzehnte Freude macht, statt jedes zweite Jahr ein neues Wegwerfprodukt; lieber eine gut geplante längere Reise zum wirklichen Eintauchen in eine andere Stadt und deren Kultur statt fünf hastig gebuchter und absolvierter Wochenendtrips usw.

Wenn Rosa gegen die fortschreitende Entfremdung von Mensch und Welt auf Resonanz als „klingende, unberechenbare Beziehung mit einer nicht-verfügbaren Welt" setzt, so ist damit angesprochen, dass „wir uns auf Fremdes, Irritierendes einlassen, auf all das, was sich außerhalb unserer kontrollierenden Reichweite befindet." Wer Resonanz sucht, setzt Neugier an die Stelle von Konsumgier – Neugier auf andere Menschen (und deren Kennenlernen durch substanzielle Gespräche), auf einen guten Roman, auf den vollendeten Kreislauf der Natur, auf pflanzliche Ernährung, auf fremde Kulturen, Neugier auf die Möglichkeiten und Grenzen faszinierender Technologien, auf das Live-Konzert einer Sängerin oder die Vielschichtigkeit eines künstlerischen Werks, also Neugier, sich auf jemanden oder etwas profund einzulassen und damit in Beziehung zu treten. Das Ergebnis dieses Prozesses lässt sich nach Rosa nicht vorhersagen oder planen, weder erzwingen noch garantieren. Wir können aber – sowohl als Gesellschaft als auch individuell – zumindest die Voraussetzungen dafür schaffen, die Chancen auf Resonanzerleben zu erhöhen.

Resonanz ist zwar als übergreifende Gesellschaftstheorie konzipiert und nicht als spezifisch ökologisches Reformkonzept. Doch selbst wenn Rosa als Wissenschaftler keine Blaupause für die Transformation präsentieren will, weil hier Philosophie und Soziologie an ihre Grenzen kommen, macht er sich mit „Resonanz" auf die Suche nach einer besseren Daseinsform und liefert damit eine Richtungsidee, wohin unsere Realität transformiert werden könnte. Denn für Rosa ist die wahre Wurzel der ökologischen Grundangst unserer Zeit nicht, dass wir die Natur als *Ressource* verlieren, „sondern dass die Natur als *Resonanzsphäre* verstummen könnte, als ein eigenständiges Gegenüber, das uns antworten kann und damit Orientierung zu stiften vermag [...] Das Verstummen der Natur (in uns und außer uns), ihre Reduktion auf Verfügbares und

Noch-verfügbar-zu-Machendes ist [...] das eigentliche kulturelle ‚Umweltproblem' spätmoderner Gesellschaften."

14 Rosa, Resonanz, S. 463

Dies bedeutet im Umkehrschluss, dass der Schlüssel für die Erneuerung unserer Gesellschaft – und damit auch der ihr dienenden Wirtschaft – in der Gestaltung einer resonanzfähigen Beziehung der Menschen zur Natur liegt. Das sollte uns gar nicht so schwerfallen, denn im Grunde lieben wir unseren Planeten. Nach heutigem Wissensstand ist er der einzige, der über ideale klimatische Voraussetzungen für menschliches Leben verfügt. Wenn wir die Erde lieben, sind wir auch bereit, sie mit Hingabe zu umsorgen. Daher geht die Idee, die Erde reparieren zu wollen, am Punkt vorbei, denn sie ist keine Maschine, deren man sich nach Belieben bedienen kann. Die Erde verlangt nach unserer Liebe! Aus diesem Grund rief die von mir initiierte „Vienna Biennale for Change" bei ihrer vierten Ausgabe 2021 das Zeitalter von *PLANET LOVE* aus – im Sinn einer „Liebesbeziehung" der Menschen zur Erde und ihrer Schönheit, einer Liebesbeziehung, die nicht unerwidert bleiben wird, denn die Erde kann uns in vielfältiger Weise zurücklieben. Resonanzerfahrungen mit der Natur sind der schönste Beweis dafür.

4

Klimaresonanz als Maßstab und Antrieb regenerativer Qualitätsgesellschaften

Eine der zentralen Thesen dieses Buchs ist, dass die *strukturierte Verknüpfung der Klimathematik mit der Resonanztheorie* zu einer *Win-win*-Situation führt: Einerseits, weil die in den letzten Jahrzehnten dominante Steigerungslogik durch die Klimakrise (bzw. die weitreichenden Maßnahmen zu ihrer Bewältigung) zunehmend ausgehebelt und damit auch der Weg für eine Renaissance von Resonanz freigeschaufelt wird – die Moderne kann endlich ernsthaft damit beginnen, ihr Resonanzversprechen einzulösen. Anderseits, weil mit Resonanz genau das richtige Konzept zur richtigen Zeit zur Verfügung steht, nämlich die für die Bewältigung der Klimakrise beruhigende Vorstellung, dass weniger Ressourcenverbrauch und geringere Emissionen nicht Verzicht auf Lebensqualität bedeuten müssen, sondern im Gegenteil für höhere Lebensqualität genützt werden können.

Ich schlage für diesen Ansatz einen neuen Begriff vor, der sich aus der Resonanztheorie ableitet und die Klimathematik – wie immer in diesem Buch – umfassend versteht: *Klimaresonanz.* Klimaresonanz bedeutet, menschlicher Zivilisation einen neuartigen Maßstab zugrunde zu legen, der – statt Wirtschaftswachstum ohne Rücksicht auf Verluste – erschwingliche Lebensqualität der Menschen im Einklang mit den Pariser Klimazielen und in nachhaltiger Symbiose mit der Natur und ihren anderen Spezies sowie mit umsichtiger technologischer Unterstützung in den Mittelpunkt rückt. Klimaresonanz schafft in Verbindung mit ethischen Haltungen wie Enkeltauglichkeit, Stewardship, Sieben-Generationen-Prinzip und einem mehr-als-menschlichen Ansatz eine neue Vorstellung von Wohlstand ohne Raubbau an der Zukunft. Die mit Klimaresonanz angestrebte Lebensqualität ist nachhaltig, wenn sie die Würde der Natur und ihrer Spezies achtet, möglichst emissionsfrei ist und insbesondere auf erneuerbaren Energien und der kongenialen Nutzung von biologischen und technischen Kreisläufen beruht sowie die Menschen als kooperationsfähige (öko-)soziale Wesen statt zu verschwenderischem materiellem Reichtum zu *unerschöpflichem Beziehungsreichtum* inspiriert. Die mit Klimaresonanz angestrebte Lebensqualität beugt sich keinem Diktat neuer Technologien, sondern nützt deren Intelligenz- und Skalierungspotenziale im Interesse der langfristigen Balance zwischen Mensch und Natur.

Erschwingliche Lebensqualität heißt, dass die Erfüllung menschlicher Grundbedürfnisse für die Menschen dauerhaft leistbar ist. Klimaresonanz ist daher immer *klimasozial* gedacht und sorgt dafür, dass auch Armutsbetroffene ausreichend Möglichkeiten für Lebensfreude und Selbstwirksamkeit – Resonanzmomente – vorfinden. Sie gründet auf der Sehnsucht und dem Vertrauen der Menschen, sich ungeachtet ihrer Einkommens- und Vermögensverhältnisse in der Gesellschaft entfalten zu können, und baut somit auf *Güte* im doppelten Sinn des Wortes, einerseits auf – an Mitmenschen und andere Spezies gerichtete – freundliche, von Wohlwollen getragene menschliche Gesinnung und andererseits auf die beständige Qualität von Produkten und Dienstleistungen.

Klimaresonanz charakterisiert also unsere wünschenswerte *künftige Lebens- und Wirtschaftskultur.* Sie ist die Quintessenz dessen, wohin uns die Große Transformation führen soll und wird, die – das dürfte klar geworden sein – in weit mehr besteht als nur im Umbau unserer Energieversorgung von den fossilen hin zu den Erneuerbaren Energien. Klimaresonanz ist in umfassender Weise *kulturell* konzipiert und lässt gängige Vorstellungen von *Lifestyle* als altmodisch hinter sich. Sie sieht Lebensqualität und Wirtschaft eng miteinander verbunden, als Teil einer übergreifenden *zivilisatorischen Kultur.* Eine zentrale Bedingung von Klimaresonanz lautet daher: Künftige Lebensqualität der Menschen in Harmonie mit der Natur muss in emissionsarmen und ressourcenschonenden Produktionsweisen der Unternehmen ihre Entsprechung finden. Beide Sphären – Wirtschaft und Lebensqualität der Menschen in der Gesellschaft – müssen laufend positiv aufeinander einwirken. Das zukunftsweisendste Beispiel dafür ist die ambitionierte Entwicklung der Kreislaufwirtschaft, die von einer engagierten Kreislaufgesellschaft gefordert und zugleich unterstützt wird und mit ihr zu einer alle Sektoren erfassenden, ganzheitlichen und der Regeneration verpflichteten *Kreislaufkultur* verschmilzt.

Bezüglich der Digitalisierung kann Klimaresonanz intuitive Richtschnur sein, wie weit wir mit Künstlicher Intelligenz und digitalen Parallelwelten zu gehen bereit sind und zu welchen Zwecken wir sie konkret einsetzen wollen. In ökologischer Hinsicht ist sie geeignet, die unselige Verzichtsdiskussion („Was darf ich alles nicht mehr, weil es dem Klima schadet?") durch eine nach vorn schauende Qualitätsdiskussion zu ersetzen. Klimaresonanz will uns nicht nur ermutigen, unsere bisherigen Prioritäten und den eigenen Ressourcenverbrauch kritisch zu überprüfen, sondern vor allem auch dazu motivieren, nach Alternativen zu suchen, die weniger ressourcenaufwendig sind und mehr bewusst erfahrbare Qualität in unser Leben bringen. In sozialer Hinsicht ist Klimaresonanz ein Schlüsselkonzept, weil es die Qualität unserer Beziehungen zu anderen Menschen beleuchtet, sinnstiftende menschliche Arbeit in einer Welt des Wandels unterstützt, soziale Gleichheit fördert und dieses Engagement mit experimentellen Ansätzen sozialer Erneuerung verbindet. In diesem Sinne ist Klimaresonanz auch als gesellschaftliche Atmosphäre zu verstehen.

Klimaresonanz ist selbstredend auch ein untrüglicher Maßstab für das Gelingen verantwortungsvoller Politik – ebenso wie für die Qualität von Kunst und Kultur, für die Fokussierung der Wissenschaften sowie den gesellschaftlichen Zweck von Unternehmen. Klimaresonanz schafft Nähe und fördert Vertrauen zu anderen Menschen, aber auch zu gesellschaftspolitischen Ideen, zur Natur, zur gebauten Umwelt und zum öffentlichen Raum, zu unseren Wohnungen, zu den Gegenständen, mit denen wir uns umgeben, zur Religion für Gläubige, zu Büchern und Kunstobjekten, zu Sport, den wir ausüben, und Dienstleistungen, die wir in Anspruch nehmen. Im Mittelpunkt steht immer die Frage, wie wir mit unserem Umfeld, unserer Umwelt und den Ressourcen, die uns zur Verfügung stehen, würdevoll umgehen können und was wir dringendst ändern müssen.

Letztlich läuft Klimaresonanz auf die Frage hinaus, wie wir sein und uns selbst in der Welt darstellen und einbringen wollen, wie wir – im neuesten Sprachgebrauch – unsere Rolle und unser Erscheinungsbild in der Welt „kuratieren". Es geht darum zu bestimmen, wie wir sein wollen, und ebenso, wie wir von anderen gesehen werden wollen, nämlich als Mensch mit zukunftsfähigem Mindset, der auch bei den unzähligen Entscheidungen, die laufend zu treffen sind, aus der Fülle von Optionen die jeweils regenerativste wählt – also null Lebensmittelverschwendung und klare Präferenz für Erzeugnisse regenerativer Landwirtschaft, keine schnelle Mode, sondern möglichst langlebige Kleidungsstücke (die inzwischen ohnehin zum coolsten *fashion statement* werden). Klimaresonanz bedeutet daher auch, aktuelle Statussymbole mutig zu unterlaufen und sie durch *regenerative Statuspraktiken* zu ersetzen. Das Konzept der Klimaresonanz ist in allen Lebensbereichen relevant und eignet sich als *Leitidee* für eine grundlegende politische, wirtschaftliche, kulturelle und gesellschaftliche Erneuerung, wie sie uns in der Großen Transformation abverlangt wird.

Die Frage ist nur: Was hält uns davon ab?
Oder besser: Was hindert uns daran?

Lassen wir unsere bisher verbrachte Lebenszeit Revue passieren: Nicht der Blick auf unseren über die vielen Jahre lieblos getätigten Massenkonsum wird uns vom Gelingen des eigenen Lebens überzeugen; schon eher, wie wir Krisen gemeistert haben, und noch viel mehr die wertvollen Momente, in denen wir uns auf eine geschätzte oder gar geliebte Persönlichkeit oder etwas Ersehntes mit ausreichend Zeit einlassen konnten, also nicht die unzähligen Anlässe zum Small Talk oder die Routinekommunikation am Arbeitsplatz, sondern die außergewöhnlichen Begegnungen oder wunderbaren Freundschaftsbeziehungen, nicht die allabendliche Berieselung mit TV-Müll, sondern die herausragende Natur-Dokumentation, nicht die hastig verzehrten Fastfood-Burgers, sondern das mit viel Liebe selbstzubereitete Gericht nach einem von Generation zu Generation weitergegebenen Spezialrezept der Familie oder der Besuch in einem urigen Wirtshaus und die dortige Atmosphäre von Zufriedenheit der Gäste. Und noch eine Frage wird im Nachhinein eine Rolle spielen: Ist es uns gelungen, auch und gerade den Alltag wertzuschätzen oder haben wir ihn, speziell den beruflichen Alltag, stets gehasst und als Zeit erfahren, die es möglichst rasch und ohne innere Anteilnahme zu überwinden gilt?

Eine bestimmte Qualität zieht sich beim Rückblick wie ein roter Faden durch ein erfülltes Leben: Wir hatten für die besten Resonanzerfahrungen immer ausreichend Zeit zur Verfügung und waren „gut drauf", weil nicht im Stress, unter Erfolgsdruck oder von Ängsten geplagt. Und wenn wir es davor nicht begriffen hatten, dämmert es uns spätestens jetzt: Resonanz ist weder eine Frage des Preises noch des Ausmaßes der dafür eingesetzten Ressourcen, sondern vor allem des *Zeitwohlstands.* Wobei Zeitwohlstand nicht mit Freizeit zu verwechseln ist: Auch unsere Arbeitszeit können wir mit wunderbaren Resonanzerfahrungen verbringen, wenn wir bereit sind, uns auf die Arbeit hinreichend einzulassen, wir Arbeit- oder Auftraggeber haben, die verstehen, dass hingebungsvoll geleistete Arbeit mehr zählt als routiniert absolvierte, und wir überdies das Glück haben, in einer Gesellschaft zu agieren, die dies ebenfalls schätzt, (wobei mir bewusst ist, dass sich nicht jede Arbeit für Resonanzerlebnisse eignet).

Der bedeutende britische Ökonom John Maynard Keynes vertrat im Jahr 1930 in einem bekannten Aufsatz über die „wirtschaftlichen Möglichkeiten unserer Enkel" die Ansicht, dass im Jahr 2030 alle ökonomischen Probleme gelöst und materielle Bedürfnisse leicht zu stillen sein würden, die Erwerbstätigen nur noch 15 Stunden die Woche arbeiten und alle Menschen Zeit für die wirklich wichtigen Dinge im Leben haben würden; statt Reichtum gehe es um Lebensqualität.

15 Vgl. https://www.postwachstum.de/die-wirtschaftlichen-moglichkeiten-unserer-enkel-20111204

Er begründete dies mit den durch technologischen Fortschritt ermöglichten Produktivitätssteigerungen und meinte, dass sich seine Enkel (also wir) fragen müssten, was sie mit der freien Zeit anfangen wollten, die sie dann zur Verfügung haben.

Mit den Produktivitätssteigerungen hat Keynes zwar weitgehend recht behalten, der vorhergesagte Zeitwohlstand hat sich aber bisher nicht eingestellt. Grund dafür ist eben, dass unsere Wirtschaft immer schneller wachsen muss, weil sie sonst in eine Krise rutscht (Rosas dynamische Stabilisierung). Da wir darauf gedrillt sind, jede „gesparte" Zeit wieder in Wachstum zu investieren, verspielen wir den Zeitwohlstand, den wir gerade erst erworben haben. Es ist ein individuelles wie auch gesellschaftliches Problem, das sich nur dann dauerhaft beheben lässt, wenn auch die resonanzverhindernden strukturellen Zwänge aufgelöst werden.

In einer Steigerungsgesellschaft ist Zeitwohlstand ein knappes Gut – zum einen, weil dem Einzelnen in einer unter Zeit- und Wettbewerbsdruck agierenden Arbeitswelt nichts geschenkt wird, zum anderen, weil den Menschen für die aktiv zu verteilende Zeit ein unüberschaubares Angebot an attraktiven Optionen, die mit allen Mitteln um Aufmerksamkeit buhlen, gegenübersteht. Um Entfremdung zurückzudrängen, gilt es den zur Verfügung stehenden Zeitwohlstand bestmöglich für Resonanzerfahrungen zu nützen. Wenn wir *mehr* Zeit für jemanden oder etwas einsetzen – egal ob es um Beziehungen zu anderen Menschen, zu Tieren oder Pflanzen, die Nutzung von Verbrauchsgütern oder die Inanspruchnahme von Dienstleistungen geht –, bleibt für andere Angebote entsprechend weniger Zeit übrig. Das macht auf einen Schlag zwei Gewinner*innen: Zum einen uns selbst, weil wir durch solche Fokussierung mehr Resonanz erfahren werden, und zu anderen unseren durch menschliche Zivilisation bedrängten Planeten, weil wir dadurch tendenziell auch unseren Ressourcenverbrauch reduzieren. Zum gleichen Ergebnis, nämlich der Aussicht auf mehr Resonanzerlebnisse, gelangt, wem die Verringerung der eigenen Ressourcenintensität das vorrangige Anliegen ist. Denn durch Resonanzsensibilität können wir aus weniger Ressourcenverbrauch leicht eine Tugend machen, die nicht nur uns selbst, sondern auch unseren Mitmenschen Freude bereitet. Und es kommt noch etwas Entscheidendes hinzu: Wer einmal genuine Resonanzerlebnisse hatte, sucht sie wieder und wird daher seine Prioritäten entsprechend ändern.

Wenn laut Hartmut Rosa die effizientesten Resonanzkiller *Zeitdruck, Angst* und *Konkurrenz* sind, sollte die Schaffung besserer Voraussetzungen für Klimaresonanz vorrangig bei diesen drei Resonanzkillern ansetzen.

Das ist leicht gesagt, allerdings ließe sich mit einigem Recht dagegen einwenden, dass die aktuellen Strukturen der Steigerungsgesellschaft es mir gar nicht erlauben zu priorisieren und das eine oder andere einfach auszusparen. Was kann ich denn weglassen, ohne dass mein Alltag zusammenbricht? Kann es denn für mich im „falschen" System überhaupt einen „richtigen" Umgang mit Zeit geben? Ich würde mich ja außerhalb der Steigerungslogik stellen und unweigerlich zum Aussteiger werden. Wie und durch wen lassen sich die Strukturen so ändern, dass das nicht ein Minderheitenprogramm bleibt, sondern alle sich sicher aufgehoben fühlen, wenn sie sich entschließen, in eine solche Richtung zu gehen?

Die Antwort ist kompliziert und verblüffend einfach zugleich: Ohne Große Transformation unserer Wirtschaft und Gesellschaft wird Zeitwohlstand als Basis für mehr Resonanz eher ein Nischenphänomen bleiben. Da diese Transformation aber für die Bewältigung der Klima- und ökosozialen Gesamtkrise unverzichtbar ist, eröffnet sich erstmals (!) seit Beginn der Industrialisierung vor 200 Jahren die Chance, Zeitwohlstand in allen Lebens- und Wirtschaftsbereichen grundlegend neu zu denken und zu einem Kernelement des anbrechenden Zeitalters ganzheitlicher Regeneration zu machen. Die Tage des falschen Systems sind gezählt, auch wenn das viele Unternehmen noch nicht wahrhaben wollen. Regeneration bedeutet, die fossile Steigerungsgesellschaft durch ein neues Narrativ zu ersetzen, in dem der Erde mehr zurückgegeben, als ihr entnommen wird. Während *absolute Regeneration* – also ein neues, von Kreislaufkultur getragenes Zivilisationsmodell zu gestalten, das den Zustand der Erde nach und nach verbessert – als komplexes Unterfangen erscheinen mag, haben wir schon jetzt jeden Tag unzählige Gelegenheiten für *relative Regeneration,* nämlich bei all unseren Entscheidungen unter den bestehenden Optionen und im Rahmen unserer finanziellen Möglichkeiten konsequent jene zu wählen, die mit der Natur am besten in Einklang zu bringen ist. Im angestrebten System eröffnen sich mir schon heute vielfältige Möglichkeiten, mit Zeitwohlstand resonant zu leben. Statt zum Aussteiger werde ich zum Pionier!

Dazu müssen wir dringend eine neue Vorstellung entwickeln, was wir unter Wohlstand verstehen, einschließlich neuer Zugänge zur Befriedigung menschlicher Grundbedürfnisse. Wertvolle Anhaltspunkte dafür können wir in der Gemeinwohl-Logik (*Commons*-Logik) und deren Vergleich mit der Gewinnlogik des Marktes finden.

16 Vgl. https://commons-institut.org/theorie/was-sind-commons

Commons sind gemeinsam hergestellte, gepflegte und genutzte Produkte und Ressourcen unterschiedlicher Art. Im Deutschen gibt es dafür das Wort *Gemeingüter*, was aber zu sehr auf die Ressourcen oder Produkte („Güter") fokussiert, weshalb ich hier besser das Wort *Commons* verwende. Commons haben drei Bausteine: Da ist zum einem die Ressource oder das Produkt, das gemeinschaftlich hergestellt, erhalten und genutzt wird – das vielleicht bekannteste Beispiel ist Wikipedia, bei dem Wissen gemeinschaftlich bearbeitet wird. Commons können Gewässer, Böden, Räume, Software, Saatgut, Produktionsmittel und Fahrräder sein, aber auch Erkenntnisse, die Atmosphäre oder die Ozeane. Zweiter Baustein ist die Community oder Gemeinschaft der Menschen, die das Commons herstellen, erhalten und nutzen. Ohne konkret handelnde Menschen in bestimmten sozialen Umgebungen ist kein Commons denkbar. Dritter Baustein sind die Regeln der *Selbstorganisation,* die die Community für den Umgang mit dem Commons setzt und durchsetzt. Selbstbestimmte Regeln sind die Grundlage der Selbstorganisation. Ohne verabredete Regeln kann kein Commons funktionieren, doch welche Verabredungen im Einzelfall die richtigen sind, hängt von der Art des Commons und den Präferenzen der Community ab. Es ist ein Unterschied, ob die Nutzung von Bytes und Informationen geregelt werden muss oder jene natürlicher Ressourcen wie Wasser und Wald. Commoning ist ein Prozess von unten nach oben (*bottom-up*) statt von oben nach unten (*top-down*).

Entscheidungen werden lokal von denen getroffen, die von ihnen betroffen sind und sie umsetzen müssen. Es gibt keine von oben oder von einer zentralen Institution durchgesetzte Vorgaben, an die sich alle halten müssen. Beim Commoning geht es um die Bedürfnisse der Beteiligten, nicht um Profit. Commons werden gemacht und gepflegt, um genutzt zu werden und Bedürfnisse zu befriedigen, nicht um Profite „abzuwerfen". Die notwendige Finanzierung der Projekte läuft über vielfältige Formen. Dabei ist zentral, dass das Projekt nicht oder nicht wesentlich für den Markt produziert wird, um eine Ausrichtung am Markt statt an den Bedürfnissen zu verhindern. Die Logik des Commoning geht davon aus, dass es kein „Immer mehr" braucht, weil bei richtiger Nutzung „genug für alle" da ist. „Rivale" Güter, die nicht von allen gleichzeitig genutzt werden können – ob Bewässerungssysteme oder Fahrzeug-Pools – werden so aufgeteilt, dass alle, die wollen, zum Zug kommen und niemand leer ausgeht. Nichtrivale Güter, die von beliebig vielen Menschen parallel genutzt werden können – das gilt für jede Art von Wissen und Informationsgütern, etwa Software und Musik – stehen allen ohne Einschränkungen zur Verfügung.

Indem Klimaresonanz Menschen Wege aufzeigt, wie die Verringerung der eigenen „Weltreichweite" zu besserer Lebensqualität führt, trifft sie sich mit den *Commons* im Bemühen, die Kernfrage der Gewinnlogik des Marktes „Was lässt sich verkaufen?" durch die Kernfrage der *Commons*-Logik „Was brauche ich, was brauchen wir zum Leben?" zu ersetzen.

17 Zum Vergleich der Logik der Commons und des Marktes siehe erstmals Helfrich, Silke in: *The Wealth of the Commons: A World Beyond Market and State,* 2012, und die darauf aufbauende Forschungsarbeit des IDRV – Institute of Design Research Vienna, wie sie in der hier abgebildeten Gegenüberstellung zum Ausdruck kommt.

Statt ausschließlich gewinnorientierter Verknappung von Ressourcen und der Externalisierung von Umweltkosten der Ressourcenextraktion steht in der *Commons*-Logik die Gestaltung der Sozialbeziehungen als entscheidende Dimension für die nachhaltige und faire Ressourcennutzung im Vordergrund – mit dem Ziel der naturverbundenen Erhaltung, Reproduktion und Vermehrung statt Ausbeutung oder Einhegung, dem sogenannten *„enclosure"*. Während die Beziehung zwischen Mensch und Natur in der Gewinnlogik – jedenfalls bisher – durch Konkurrenz im Sinn von „entweder Mensch oder Natur" gekennzeichnet war, besteht in der Gemeinwohl-Logik Interrelationalität: Das Eine existiert durch das Andere.

In der Gemeinwohl-Logik wird der Mensch als kooperationsfähiges soziales Wesen begriffen, nicht als individuelle*r Nutzenmaximierer, als *homo oeconomicus.* Das System ist auf Nutzen, Gemeinwohl, Zeitgenuss und die Komplementarität von Aktivitäten ausgerichtet statt auf Wirtschaftswachstum, Effizienz und Zeiteinsparung fixiert. Entscheidungen werden im Konsens getroffen statt im Mehrheitsprinzip, wobei der Entscheidungsprozess von unten nach oben, also *bottom-up* verläuft, nicht hierarchisch *top-down.* Es entstehen Machtverhältnisse, die tendenziell eher auf eine Dezentralisierung und Autonomie hinauslaufen, statt auf Zentralisierung bzw. Monopolisierung. Die im Alltag gelebte Praxis setzt auf Kooperation statt Konkurrenz, die Wissensproduktion erfolgt kooperativ, *peer-to-peer*

Logik der Commons & des Markts

Gewinnlogik

Kernfrage
Was lässt sich verkaufen?

Menschenbild
Individueller Nutzenmaximierer
(Homo oeconomicus)

Entscheidungsprinzip
Mehrheitsprinzip

Entscheidungsprozess
Hierarchisch; Top-down
Anordnung und Macht.

Besitzverhältnisse
Exklusives Privateigentum:
„Mit meinem Eigentum
tue ich, was ich will."

Praxis
Durchsetzung auf Kosten anderer;
Konkurrenz dominiert

Machtverhältnisse
Tendenz:
Zentralisierung (Monopolisierung)

Träger des Wandels
Machtvolle Interessengruppen
oder institutionalisierte Politik

Zugang zu rivalen Ressourcen (Wasser, Land, Wald)
Begrenzt.
Regeln werden von
Eigentümer*in festgelegt.

Zugang zu nicht-rivalen Ressourcen (Code, Ideen)
Begrenzt
Knappheit wird künstlich
hergestellt.

Nutzungsrechte
werden von Eigentümer*in
gewährt (oder auch nicht).

Ressourcen
Knappheit ist gegeben
oder wird hergestellt.

Strategie: „effiziente"
Ressourcenzuteilung.

Fokus
Tauschen
Wirtschafts-
wachstum (BIP)
Effizienz
Zeiteinsparung

Auswirkungen für die Ressourcen
Ausbeutung/
Einhegung.
„Enclosure".

Mensch-Natur-Mensch Beziehung
Trennung im Sinne von:
Entweder-Oder
Individualismus-Kollektivismus
Mensch-Natur

Wissensproduktion
„Verbetriebswirtschaftlicht"
Verwertung ist prioritär
Proprietäre Technologien
Dominanz von Expertenwissen

Auswirkungen für die Gesellschaft
Individualinteressen versus Allgemeininteressen. Ausschluss.

Commons-Logik

Kernfrage
Was wird zum Leben gebraucht?

Menschenbild
Kooperationsfähiges soziales Wesen.

Praxis
Commoning
Kooperation dominiert.

Machtverhältnisse
Tendenz:
Dezentralisierung (Autonomie).

Träger des Wandels
Gemeinschaft und ihre Netzwerke
Die Lösung kommt von den Rändern.

Entscheidungsprinzip
Konsensprinzip.

Entscheidungsprozess
Horizontal; Bottom-up
Selbstorganisation und Monitoring.

Besitzverhältnisse
Gemeinsam genutzter Besitz:
„Für meinen Mitbesitz bin ich mitverantwortlich."

Fokus
Nutzen
Gemeinwohl
Komplementarität
Zeitverausgabung

Ressourcen
Genug für alle durch Teilen (rivale Ressourcen) und Fülle (nicht-rivale Ressourcen).

Strategie: Gestaltung der Sozialbeziehungen ist entscheidend für nachhaltige und faire Ressourcennutzung.

Zugang zu rivalen Ressourcen (Wasser, Land, Wald)
Begrenzt.
Regeln werden von Nutzer*innen gemeinsam festgelegt.

Zugang zu nicht-rivalen Ressourcen (Ideen, Code)
Frei. Open Access.

Nutzungsrechte
werden von koproduzierenden Nutzer*innen festgelegt.

Auswirkungen für die Ressourcen
Erhaltung
Reproduktion & Vermehrung

Wissensproduktion
Kooperativ; peer-to-peer
Verwertung ist sekundär
Freie Technologien
Anerkennung unterschiedlicher Wissenssysteme

Mensch-Natur-Mensch Beziehung
Interrelationalität:
Das Eine existiert durch das Andere.

Auswirkungen für die Gesellschaft
Die Entfaltung jedes Einzelnen ist die Voraussetzung für die Entfaltung der Anderen und umgekehrt.
Selbstentfaltung.

Quelle: Silke Helfrich, Freerange Journal Vol. 7: The Commons

statt strikt betriebswirtschaftlich ausgerichtet, es werden unterschiedliche Wissenssysteme anerkannt, statt dass Expert*innenwissen dominiert. Träger des Wandels sind Gemeinschaften und ihre Netzwerke statt machtvoller Interessengruppen und institutionalisierter Politik. Das hat Auswirkungen auf die Gesellschaft: Die Entfaltung der Einzelperson wird als Voraussetzung für die Entfaltung der anderen begriffen. Sie geschieht daher stets mit Rücksicht auf die anderen statt zulasten der Allgemeininteressen.

Merkmale der Gemeinwohl-Logik sind also geeignet, die Voraussetzungen für Klimaresonanz übergreifend zu verbessern und Menschen zu Resonanzerlebnissen zu inspirieren. Dies ist aber keine Einbahnstraße, sondern gilt auch umgekehrt: Wer höhere Lebensqualität durch Klimaresonanz anstrebt, stärkt damit auch Gemeinwohldenken. Während die *Commons* eine wichtige und sich in den kommenden Jahren mit Sicherheit erweiternde Nische sind, zielt das Konzept der Klimaresonanz auf eine direkte Veränderung der Gewinnlogik des Marktes: Es ist ein pragmatischer Weg, die harten, tendenziell naturfeindlichen und teilweise unmenschlichen Eigenschaften der Gewinnlogik des Marktes aufzuweichen und näher an die Prinzipien der Gemeinwohl-Logik heranzuführen. Die Verwertungslogik ist damit nicht außer Kraft gesetzt, wird dadurch aber in zukunftsfähige Bahnen gelenkt; dies ermöglicht es, die Innovationskraft des Kapitalismus zunehmend in den Dienst der Bewältigung der Klima- und ökosozialen Gesamtkrise zu stellen. Klimaresonanz eröffnet Unternehmen neuartige Möglichkeiten, mit ihren individuellen Nutzer*innen, aber auch mit der Gesellschaft insgesamt in Beziehung zu treten.

Dies trifft sich mit aktuellen anderen Entwicklungen im Spannungsfeld von Wirtschaft und Gesellschaft: Gemeint ist die sich zunehmend durchsetzende Erwartung der Gesellschaft, dass Unternehmen zusätzlich zur Gewinnausrichtung auch ihren gesellschaftlichen Zweck („*purpose*") bestimmen und umsetzen, sowie dazu korrelierend der Aufschwung des sogenannten wirkungsorientierten Investierens, dessen Kernforderung darin besteht, dass Investments neben der finanziellen Rendite auch positive Auswirkungen auf Umwelt und Gesellschaft haben müssen.

18 Siehe zum sogenannten Impact Investing insbesondere Cohen, Sir Ronald: *IMPACT: Ein neuer Kapitalismus für echte Veränderungen,* 2021

In ähnlicher Weise stellt das Konzept der Klimaresonanz das Verhältnis des Staates und sonstiger öffentlicher Gebietskörperschaften zu den Bürger*innen und den anderen dort lebenden Menschen auf eine neue Grundlage. Es bietet sich als neuer Maßstab für das Handeln der Verwaltung gegenüber den Menschen an: Sie ist gefordert, öffentliche Angebote an die Bevölkerung resonanzfördernd zu gestalten und in behördlichen Kontakten mit den Menschen erhöhte Resonanzsensibilität an den Tag zu legen; dabei geht es auch um das Zurückdrängen der Resonanzkiller Angst, Zeitdruck und Konkurrenz – wie lassen sich die Bedingungen für Resonanz verbessern, damit etwa die Benutzung öffentlicher Verkehrsmittel oder die Inanspruchnahme öffentlicher Gesundheitsversorgung von den Menschen als inspirierend empfunden werden? Darüber hinaus sollte gerade die öffentliche Hand *Themenführerschaft* beweisen, indem sie sich in ihren Tätigkeiten vom Konzept der Klimaresonanz und den darin manifesten Grundsätzen der Gemeinwohl-Logik leiten lässt.

Klimaresonanz eignet sich als neuer, gemeinsamer Maßstab ökosozialer Zukunftsgestaltung, um innerhalb der Planetaren Grenzen einen sicheren und gerechten Raum für die Menschheit zu schaffen. Sie veranschaulicht die Konturen *unserer künftigen Lebens- und Wirtschaftskultur* und bietet sich für die Große Transformation von Wirtschaft und Gesellschaft als *zentrales klimamodernes Konzept* an – gleichsam als *weltveränderndes neues Bewusstsein.* Sie reflektiert die Grundsatzentscheidungen, *menschlichen Beziehungsreichtum* (Menschen zu Menschen, aber auch Menschen zu anderen Spezies, zu Dingen, zur Natur, zur Kunst etc.) ins Zentrum zu rücken; *Ressourcen* möglichst lange in *Kreisläufen* zu halten und die Extraktion weiterer Ressourcen tunlichst zu vermeiden; und technologische Innovationen, vor allem *Künstliche Intelligenz,* vorrangig und konsequent für ökosoziale Zukunftsgestaltung einzusetzen, idealerweise im Zusammenwirken mit Menschlicher oder generell Biologischer Intelligenz.

Die Gesellschaft, die daraus erwächst, ist *klimafürsorglich, klimagerecht, klimasozial, klimadigital* und *klimazirkulär* zugleich. Sie ist *klimafürsorglich,* wenn sie nicht nur auf Dekarbonisierungsmaßnahmen setzt, vor allem in der Energie-, Mobilitäts- und Ernährungswende, sondern den Schutz der Artenvielfalt und Ökosysteme miteinschließt und ebenso erforderliche Anpassungsmaßnahmen ergreift, um dem Klimawandel zu begegnen, wobei Klimaschutz nicht durch Klimaanpassung verzögert werden darf, vielmehr sind beide stets zusammen zu planen und umzusetzen.

Sie ist *klimagerecht,* weil sie anerkennt, dass die Länder des Globalen Nordens ihren heutigen Wohlstand den hohen CO_2-Emissionen verdanken, die sie seit ihrer vor 200 Jahren begonnenen Industrialisierung akkumuliert haben, während viele der gesellschaftlich und wirtschaftlich benachteiligten Länder des Globalen Südens – mit Ausnahme von China und einiger anderer Schwellenländer – noch immer sehr wenig emittieren, vom Klimawandel aber am massivsten betroffen sind. Daher ergibt sich für die reichen Länder eine besondere Verantwortung, der Bevölkerung in jenen Ländern zu helfen.

Sie ist *klimasozial,* weil sie beachtet, welche negativen sozialen Auswirkungen die Klimakrise und die Maßnahmen zu ihrer Bewältigung haben und wie wir als Gesellschaft dafür sorgen können, dass niemand zurückgelassen wird. Es bedeutet sicherzustellen, dass der *Green Deal* und vergleichbare Initiativen nicht dem Profit einiger Weniger dienen, sondern möglichst viele Menschen an den dadurch eröffneten Chancen und Jobs teilhaben können. „Klimasoziale Politik strebt nach einer sozialen, inklusiven und politisch fortschrittlichen Gesellschaft, in der alle ein selbstbestimmtes Leben führen können, ohne dabei ihre eigene oder die Lebensgrundlage anderer zu gefährden", heißt es in der Einleitung eines Sammelbandes zu Klimasozialer Politik. „Sie fragt: Wie können wir Leben verbessern und Emissionen reduzieren? [...] Sie fordert ein menschenwürdiges Leben, das selbstbestimmt und unabhängig von wirtschaftlichen Krisen allen gesellschaftliche Teilhabe ermöglicht."

19 Vgl. *Klimasoziale Politik: Eine gerechte und emissionsfreie Gesellschaft gestalten,* 2021, S. 7

Klimadigital meint, die Chancen der Digitalisierung als Innovationstreiber unseres Zeitalters für die Klimafrage zu nutzen: Wie erreichen wir, dass digitale Neuerungen vorrangig für die Bewältigung der Klima- und ökosozialen Gesamtkrise entwickelt und eingesetzt werden? Welche Geschäftsmodelle eignen sich, welche Anreize und Investitionen braucht es von öffentlicher Seite und wie kann dafür – auch mithilfe privater Geldgeber*innen – ein dynamisches Umfeld für *digitale Eco-Start-ups* geschaffen werden? Besondere Aufmerksamkeit verdient dabei die auf uns zurollende Revolution Künstlicher Intelligenz. Gerade europäischen Unternehmen, die bisher zahlreiche digitale Entwicklungen verschlafen haben und auch bei KI hinter den USA und China hinterherhinken, bietet sich in der Verbindung der Klimafrage mit Digitalisierung und Künstlicher Intelligenz ein vielversprechendes Betätigungsfeld, in dem noch globale Themenführerschaften möglich sind.

Klimazirkulär bedeutet, zu verstehen, dass wirtschaftliches Wachstum in Zukunft vor allem dort möglich sein wird, wo technische und biologische Kreisläufe verantwortungsvoll genutzt werden und kein Abfall entsteht. Je zirkulärer, umso dynamischer – das gilt nicht nur für Unternehmen, sondern auch für den Arbeitsmarkt der Zukunft! Da Kreislaufwirtschaft noch nicht auf dem Radar weiter Teile der Bevölkerung ist, braucht sie überzeugendes Marketing. Es wäre visionär, wenn Städte wie Wien zu Modellstädten der Kreislaufkultur würden, zu *„Circular Dream Cities“*, die demonstrieren, wie die zirkuläre Stadt der Zukunft funktioniert, und damit andere inspirieren.

Eine Gesellschaft ist also im Ergebnis *klimamodern,* wenn sie im Rahmen ihrer Möglichkeiten klimafürsorglich, klimagerecht, klimasozial und klimadigital agiert sowie – im Sinn von klimazirkulär – durch verantwortungsvolle Nutzung technischer und biologischer Kreisläufe regeneratives Qualitätswachstum bei null Abfall schafft. Sie handelt klimamodern, wenn sie die Erreichung von Klimaneutralität mit laufender umfassender Klimafürsorge einschließlich des Schutzes der Artenvielfalt und Ökosysteme verbindet; sich gegenüber Ländern des Globalen Südens klimagerecht verhält; sinnstiftende Arbeit und soziale Gerechtigkeit fördert und diesen Anspruch allen ihren ökologischen Weichenstellungen zugrunde legt; auf breiter Kreislaufkultur basiert und keinen Abfall (*zero waste*) produziert; sowie die innovativsten Technologien prioritär für die Bewältigung der ökosozialen Mega-Herausforderungen nützt.

Aus diesem Leitbild ergeben sich drei *Schwerpunktbereiche,* die ich in den folgenden Kapiteln genauer untersuchen werde: Mensch-KI-Teamintelligenz für ökosoziale Zukunftsgestaltung; umfassende Kreislaufkultur; und die Inspirationskraft von Städten als Ideenzentren und offene Resonanzräume. Es handelt sich um drei zentrale *Querschnittsbereiche,* die aus heutiger Sicht als entscheidende Hebel für den notwendigen grundlegenden Wandel von Wirtschaft und Gesellschaft angesehen werden können. In jedem dieser drei Schwerpunktbereiche sind radikale Veränderungen gefordert, in ihrer Gesamtheit laufen sie auf einen fundamentalen *Kulturwandel* in Wirtschaft und Gesellschaft hinaus. Gerade diese drei Bereiche verdeutlichen, wie sehr Klimaresonanz *gestaltet* sein will. Denn die Zukunft braucht Visionen, starke Bilder und überzeugende Erzählungen, um die Menschen zu gewinnen und auch Politik und Wirtschaft zum Handeln anzuspornen.

5

Die KI-Revolution: Dimensionen eines Regenerativen Digitalen Humanismus und ökosoziale Mensch-KI-Teamintelligenz

Ich hatte Sie in einem vorangegangenen Kapitel auf ein sinistres Gedankenexperiment eingeladen: Stellen Sie sich vor, dass es im Jahr 2040 auf der ganzen Welt keine einzige liberale Demokratie mehr gibt. Ich will dieses höchst unerfreuliche Gedankenexperiment nun noch weiterspinnen: Stellen Sie sich vor, dass im Jahr 2040 vor allem deshalb keine liberalen Demokratien mehr existieren, weil Künstliche Intelligenz die Herrschaft der Welt übernommen hat! Würden Sie gern in einer derartigen Welt leben wollen, in der wir Menschen für die KI nicht viel mehr sind als Haustiere für uns – wenn überhaupt?

Ende 2022 stellte das amerikanische Softwareunternehmen OpenAI ein neues KI-Modell mit der Bezeichnung „ChatGPT“ allen Nutzer:innen für eine Testphase kostenlos zur Verfügung. ChatGPT bezeichnet sich als KI-gesteuertes Chat-System, das auf GPT (Generative Pre-trained Transformer)-Technologie beruht. Es kann in natürlicher Sprache mit Benutzer:innen interagieren, Fragen beantworten, Texte generieren und bei verschiedenen Aufgaben wie Übersetzung, Zusammenfassung und vielem mehr helfen. Es lernt aus großen Mengen menschlicher Textdaten, um vielseitige Konversationen zu ermöglichen. ChatGPT schlug wie eine Bombe ein. Bewunderung ernteten etwa die außergewöhnlichen Fähigkeiten dieser KI, clevere Witze zu generieren und wissenschaftliche Konzepte zu erläutern. Für ähnliche Furore sorgen neue KI-Systeme, die als *Text-zu-Bild-Generatoren* bezeichnet werden, wie das von OpenAI präsentierte KI-System „DALL-E“ oder das ebenfalls sehr bekannte Text-zu-Bild-Modell „Stable Diffusion“. Sie können Bilder erstellen, die auf abstrakten oder spezifischen Texteingaben beruhen und so visuelle Konzepte aus sprachlichen Beschreibungen erzeugen.

Noch vor einigen Jahren hatte niemand für möglich gehalten, dass ein so mächtiges generatives KI-Modell schon in dieser Dekade zur Verfügung stünde. Doch in die Euphorie mischte sich schon bald Skepsis. Nachdem OpenAI im Jahr 2023 ein noch wesentlich verstärktes Nachfolgemodell namens GPT-4 veröffentlicht hatte, erschien ein von unzähligen renommierten Wissenschaftler:innen und Expert:innen unterzeichneter offener Brief, in dem alle KI-Labs aufgefordert werden, „das Training von KI-Systemen, die leistungsfähiger sind als GPT-4, unverzüglich für mindestens 6 Monate zu unterbrechen“.

20 https://futureoflife.org/open-letter/pause-giant-ai-experiments/ Übersetzung durch den Autor.

Während der Ruf nach einem Moratorium unerhört verhallte, ging der offene Brief einigen Expert:innen nicht weit genug: So verlangte der amerikanische KI-Forscher und Autor Eliezer Yudkowsky den sofortigen Abbruch der Weiterentwicklung von KI. „Um sich eine feindselige übermenschliche KI auszumalen, stellen Sie sich nicht einen leblosen smarten Denker vor, der im Internet lebt und böswillige E-Mails verschickt. Stellen Sie sich eine ganze außerirdische Zivilisation vor, die mit millionenfacher menschlicher Geschwindigkeit denkt und nur zunächst auf Computer beschränkt ist – in einer Welt voller Geschöpfe, die aus ihrer Sicht sehr dumm und sehr langsam sind. Eine ausreichend intelligente KI wird nicht lange auf Computer beschränkt bleiben. In der heutigen Welt können Sie DNA-Stränge per E-Mail an Laboratorien senden, die auf Auftrag Proteine produzieren, sodass eine zunächst auf das Internet beschränkte KI künstliche Lebensformen aufbauen oder direkt zur postbiologischen molekularen Herstellung übergehen kann. Wenn jemand unter den gegenwärtigen Bedingungen eine zu mächtige KI baut, gehe ich davon aus, dass jedes einzelne Mitglied der menschlichen Spezies und alles biologische Leben auf der Erde kurz darauf sterben."

21 Siehe https://time.com/6266923/ai-eliezer-yudkowsky-open-letter-not-enough/ Übersetzung durch den Autor.

Ich erwähne das, um meine eigene Sichtweise zu untermauern, dass sich das Schicksal der Menschheit nicht nur an der Klimakrise entscheidet, sondern auch an Künstlicher Intelligenz. Die vorangehenden Kapitel haben klargemacht, dass sich die Menschheit mit der fossilen Industrialisierung und der darauf aufbauenden Steigerungsgesellschaft trotz aller Errungenschaften in eine ökosoziale Sackgasse hineinmanövriert hat, die schon heute an den Grundfesten menschlicher Zivilisation rüttelt und die künftige Überlebensfähigkeit der Menschheit bedroht. Mit selbstlernenden Künstlichen Intelligenzen, allen voran generativer KI, haben wir uns Technologien geschaffen, die uns entweder maßgeblich unterstützen, diese Krise zu lösen, oder aber uns letztlich über den Kopf wachsen und den Menschen als intelligenteste Spezies ablösen werden. Daraus lassen sich zwei zentrale Thesen dieses Buches ableiten: Um die Zukunft der Menschheit sicherzustellen, müssen wir beide Mega-Herausforderungen – Klima und KI – bewältigen. Es reicht also nicht, wenn wir nur eine meistern und bei der anderen scheitern. Wir können jede der beiden Mega-Herausforderungen aber nur dann meistern, wenn wir beide konsequent zusammendenken, denn die Bewältigung der einen – Klima oder KI – ist auf unverzichtbare Inputs des jeweils anderen Bereichs angewiesen.

Beide Mega-Herausforderungen sind menschgemacht und in ihren Dimensionen so fundamental, dass sie füreinander von höchster Relevanz sind. Sie können einander entweder positiv oder negativ verstärken. So stellt Künstliche Intelligenz Werkzeuge zur Verfügung, die zur Bewältigung der Klimakrise unverzichtbar sind – von der Verbesserung von Klimabildung, der sogenannten *Climate Literacy,* und der Schaffung radikaler Emissionstransparenz von Unternehmen über die intelligente Steuerung von *Smart Grids* (als Schlüsselelement einer die Stromerzeugung dezentralisierenden Energiewende), die Digitalisierung der Landwirtschaft und die Erleichterung von Kreislaufkultur bis hin zu vollautonomen Fahrzeugen, *Smart City*-Funktionen in Städten und der Entmaterialisierung von Konsum in digitalen Parallelwelten, um nur ein paar Beispiele zu nennen. Negativ auf die Klimakrise auswirken könnte sich KI nicht nur durch die Vernachlässigung der angedeuteten Potenziale, sondern vor allem durch Ankurbelung des Massenkonsums und einen exorbitanten Bedarf an Mineralien der Seltenen Erden, Wasser, Kohle und Öl.

Umgekehrt führen Klimaresonanz und damit verbundene konkrete Ansätze zur Bewältigung der Klimakrise wie insbesondere Kreislaufkultur zu neuer Wertschätzung unserer menschlichen Qualitäten und bestärken uns darin, der Weiterentwicklung Künstlicher Intelligenz klare Grenzen zu ziehen. Hingegen würde ein außer Kontrolle geratender Klimawandel nicht nur vermehrte kriegerische Auseinandersetzungen – mit zu befürchtendem Einsatz KI-gesteuerter autonomer Waffen – und entsprechende Flüchtlingsströme auslösen, sondern generell unser Vertrauen in die Problemlösungsfähigkeiten des Menschen erschüttern und unsere Widerstandskraft untergraben, uns gegen ausufernde und letztlich all unsere Lebensbereiche dominierende Künstliche Intelligenz zur Wehr zu setzen. Ein solcher *runaway climate change* würde wohl dazu führen, dass wir uns angesichts einer immer weniger bewohnbaren physisch realen Welt in die Illusionen digitaler Parallelwelten stürzen und zunehmend den Heilsversprechungen des Transhumanismus (der den Menschen durch digitale Technologien, insbesondere KI, perfektionieren will) oder des technischen Posthumanismus (der den Menschen durch diese Technologien letztlich überwinden und durch Künstliche Superintelligenz ablösen will) erliegen. Kein erstrebenswertes Szenario!

Umso erstaunlicher ist es, dass diese beiden Mega-Herausforderungen in der Regel in getrennten Sphären behandelt werden – ganz so, als beträfen sie die Zivilisationen unterschiedlicher Planeten. Richard David Precht hat diese Absurdität wie kein anderer auf den Punkt gebracht: Die „Futuristen der digitalen Welt [...] kennen bislang weder Rohstoffmangel noch Müllberge, keine Umweltzerstörung und keine als CO2-Deponie missbrauchte Atmosphäre. Kein arktisches Eis schmilzt in ihrer perfekten Zukunft, keine Dürren schicken Abermillionen Menschen auf die Reise, keine Millionenstädte am Äquator versinken in den Fluten."

22 Precht, Richard David: *Künstliche Intelligenz und der Sinn des Lebens,* 2021, S. 13f

Er bezeichnet die „Fähigkeit, diese einander so stark entgegenlaufenden Entwicklungen so in ihrem Bewusstsein zu speichern, dass sie dort bis heute nicht zusammentreffen," als eine „erstaunliche Kunst unserer Kultur. Die beiden Linien, jene vom unbegrenzten technischen Fortschritt und jene der ungebremsten Zerstörung der natürlichen Lebensgrundlagen des Menschen, scheinen Geraden zu sein, die sich erst im Unendlichen schneiden. Zwischen dem Kampf um die Erhaltung der ökologischen Lebensgrundlagen und der Produktion immer leistungsfähigerer Rechen- und Mustererkennungsmaschinen fehlt jede echte Brücke. Die Menschheit gleicht einem Verrückten, der weiß, dass sein Keller brennt und dass die Flammen sich immer schneller nach oben ausbreiten. Umso fiebriger baut er seinen Dachstuhl aus, um dem Himmel näher zu kommen. Warum hält er nicht inne, um zu löschen?"

23 Ebd.

Das sei umso absurder, als es nicht schwerfalle, die Geschichte des informationstechnischen Fortschritts synchron zu erzählen zur Geschichte des Umweltbewusstseins in den westlichen Industriestaaten. Es sei eine Erzählung aus der gleichen Zeit, der gleichen Kultur und einander nicht unähnlicher Menschen.

Zu Recht prangert Precht die Visionen des Silicon Valley an (Bill Gates wird von ihm ausgenommen), in denen es keine unberechenbare Natur, nur eine fortschreitende Technisierung von allem (schneller, höher, weiter und mehr!) gebe und keine Alternative zur Beschleunigung (als Fetisch der Gelangweilten) und zur bedingungslosen Expansion (als Fetisch der Wertfreien) existiere. Eine vergleichbar kritische Analyse der schwerwiegenden ökologischen und sozialen Extraktionen für die Bereitstellung Künstlicher Intelligenz (z.B. durch Menschenrechtsverletzungen beim Abbau von Kobalt) liefert Kate Crawford in *Atlas of AI: The Real Worlds of Artificial Intelligence.*

24 Crawford, Kate: *Atlas of AI: The Real Worlds of Artificial Intelligence,* 2021

Sie befasst sich darin eingehend mit den realen Machtstrukturen, die hinter den aktuellen KI-Entwicklungen stehen, und räumt den Bewegungen für

Arbeitsgerechtigkeit, für Klimagerechtigkeit und für Datengerechtigkeit dann eine reale Chance ein, wenn sie geeint auftreten.

Der Befund üblicherweise getrennter Sphären von Klima und KI bestätigt sich, wenn man wichtige Bücher durchsieht, die in den vergangenen Jahren zu Künstlicher Intelligenz und ihren künftigen Auswirkungen publiziert wurden. Die Klimakrise wird, wenn überhaupt, eher am Rand erwähnt, aber nicht als zentrales Anwendungsgebiet Künstlicher Intelligenz eingefordert. Ich verweise hier stellvertretend auf Max Tegmarks *Life 3.0: Being Human in the Age of Artificial Intelligence* aus dem Jahr 2017 oder Toby Walshs *2062: The World That AI Made* aus dem Jahr 2018 und – für den deutschsprachigen Raum – beispielsweise Thomas Ramges *Mensch und Maschine. Wie Künstliche Intelligenz und Roboter unser Leben verändern* ebenfalls aus dem Jahr 2018. Allesamt ansonsten exzellente Auseinandersetzungen mit Künstlicher Intelligenz. Ähnliches gilt für einen der renommiertesten KI-Spezialisten Chinas, Kai-Fu Lee (der aus Taiwan stammt, zeitweise in den USA lebte, aber beruflich in China wirkt), und seine beiden Bestseller *AI Superpowers: China, Silicon Valley and the New World Order* von 2018 sowie *AI 2041. Ten Visions for the Future* von 2021; gemeinsam mit dem Schriftsteller Chen Qiufan.

Der gleiche Befund zeigt sich in umgekehrter Richtung: Bücher über die Klimakrise und über die zu ihrer Bewältigung erforderlichen Maßnahmen. Insbesondere ganze Bibliotheken von Büchern zur Änderung des eigenen Lebensstils streifen bestenfalls das Thema Künstliche Intelligenz und deren Klimaschutz-Potenziale, bieten aber keine strukturierte Auseinandersetzung mit dieser Kernfrage von Wirtschaft und Gesellschaft im 21. Jahrhundert. Dieses Manko betrifft nicht nur die einschlägige Fachliteratur zur Klimafrage und zu Künstlicher Intelligenz. Gerade auch in jener Generation, die mit digitalen Technologien am besten vertraut – weil damit aufgewachsen – ist, wie etwa bei den vielen jungen Menschen, die sich im Rahmen von Fridays-for-Future engagieren, ist eine strukturierte und lösungsorientierte Verknüpfung der beiden Bereiche Klima und KI eher die Ausnahme. Die Gründe dafür mögen vielfältig sein: Digitale Werkzeuge einschließlich KI sind gerade in dieser Generation so selbstverständlich, dass sie keinen Anlass zu geben scheinen, sich eigens in die Potenziale von KI zur Bewältigung der Klimakrise zu vertiefen. Oder junge Menschen lassen sich tatsächlich von den Weltverbesserungsphilosophien der Silicon Valley-Visionäre (es handelt sich dort fast ausschließlich um Männer) blenden. Nicht wenige junge Menschen suchen aber auch Auszeit von der digitalen Omnipräsenz bzw. eine größere Nähe zur Natur, und die Vorstellung, digitale Technologien und insbesondere KI könnten in der Klimathematik nützlich sein, mag ihnen deshalb gar nicht in den Sinn kommen.

Das bereits erwähnte Silicon Valley steht ja nicht nur für eine geografische Gegend, sondern auch und vor allem für ein Mindset, das – jedenfalls bisher – ohne ausreichende Rücksicht auf die Natur als unsere Lebensgrundlage den technologischen Fortschritt gleichsam zur Religion erhebt. Die Vertreter*innen dieses Mindset behaupten, nichts anderes im Sinn zu haben, als die Lebensqualität der Menschen mit technologischen Innovationen in allen Lebensbereichen zu verbessern. In der Regel geht es den meisten aber darum, das Bestehende durch neue disruptive Technologien auszuhebeln, um in der Folge den betreffenden Lebensbereich für viele Jahre als Monopol zu beherrschen. Dahinter stecken die spekulativen Strategien potenter Investor*innen, denen es weniger um eine bessere gemeinsame Zukunft der Menschheit geht als um exorbitante künftige Gewinne. Dies ist meines Erachtens auch der Hauptgrund, warum KI und die Klimakrise noch immer weitgehend getrennt behandelt und nicht konsequent zusammengedacht werden: Die KI-Entwickler*innen und -Investor*innen interessieren KI-Technologien vor allem in den Bereichen, in denen durch Zerstörung bestehender Märkte Riesengewinne winken, egal ob in der Werbe- und Unterhaltungsindustrie, im Gesundheitswesen, bei der Mobilität oder sonstwo. Künstlich intelligente Zwangsbeglückung der Menschheit als Geldesel – Ausnahmen bestätigen die Regel. Daher verwundert es nicht, dass das Silicon Valley-Mindset in seiner radikalen Ausprägung sogar den Menschen in seiner gegenwärtigen Verfasstheit opfern will, indem es ihn angesichts seiner körperlichen und geistigen Unvollkommenheit durch digitale Technologien laufend perfektionieren und damit unsterblich machen will bzw. ihn überhaupt durch Künstliche Superintelligenz zu überwinden trachtet. Als Superintelligenz wird eine aus Künstlicher Allgemeiner Intelligenz (*Artificial General Intelligence* – AGI) hervorgehende Maschinenintelligenz bezeichnet, die der menschlichen Intelligenz überlegen ist; die Definition des schwedischen Philosophen Nick Bostrom lautet: „Ein Intellekt, der die kognitive Leistung des Menschen in praktisch allen Bereichen von Interesse weit übertrifft."

25 Bostrom, Nick: *Superintelligence. Paths, Dangers, Strategies,* 2014, S. 26. Übersetzung durch den Autor. Originalzitat: „any intellect that greatly exceeds the cognitive performance of humans in virtually all domains of interest".

Ob das AI-Mindset in China die Eroberung des Menschen durch KI ebenso radikal denkt wie das Silicon Valley, ist nicht eindeutig festzustellen. Vor allem in chinesischen Städten prägt KI den Alltag der Menschen bereits heute so stark wie nirgendwo sonst in der Welt, die dabei erzeugten Datendimensionen – das Rohöl der unaufhörlichen Optimierung Künstlicher Intelligenz – sind kaum vorstellbar. In China geht es jedoch nicht nur um den praktischen Komfort, den KI-gesteuerte digitale Werkzeuge wie *WeChat* den Menschen verschaffen, sondern vor allem auch um lückenlose Überwachung der Bevölkerung durch den Staat, von der überall präsenten Gesichtserkennung bis zum in Ausrollung befindlichen Sozialkreditsystem – wobei nicht unerwähnt bleiben soll, dass dieses System klimafeindliches Verhalten bestraft und klimafreundliches mit Pluspunkten belohnt. Es steht zu befürchten, dass sich das staatsautoritäre AI-Mindset Chinas in den kommenden Jahren in vielen Ländern ausbreiten wird, die nach westlichem Verständnis nicht als liberale Demokratien anzusehen sind. Während in China offenkundig der überwachende Staat am allermeisten von KI profitiert (was die Profite der chinesischen Digitalgiganten nicht beeinträchtigt), sind es im Silicon Valley vor allem die Tech-Konzerne selbst, die durch das Absaugen der Daten ihrer User*innen astronomische Gewinne schreiben (sich aber zugleich als steuerliche Zwerge gebärden). Im erbitterten Wettbewerb zwischen den USA und China ist Künstliche Intelligenz jedenfalls eine Hauptarena geworden, mit dem Ergebnis, dass Firmen in beiden Ländern von exorbitanten Summen an Fördergeldern profitieren und damit ihre Geschäftsmodelle weiter ausbauen können.

Meines Erachtens kann niemand seriös vorhersagen, wann in einem Labor in einer der beiden KI-Supermächte USA und China (oder auch anderswo) und möglicherweise ungewollt eine KI entsteht, die der Intelligenz der Menschheit bezüglich kritischer Infrastrukturen einen entscheidenden Schritt voraus ist und durch KI-Intelligenzexplosionen Kontrolle über wichtige Teile menschlicher Zivilisation erlangen kann. Die Mehrheit der Forscher*innen hält eine Superintelligenz frühestens in zwanzig bis 25 Jahren für realistisch, aber auch diese zeitliche Distanz ist wenig beruhigend, zumal wir uns in der Klimafrage, etwa der Erreichung von Klimaneutralität, in ähnlichen zeitlichen Dimensionen bewegen und einen klaren Fahrplan brauchen, unsere Emissionen jedes Jahr bis dahin einschneidend zu reduzieren. Wir sollten uns daher schon heute überlegen, ob wir eine uns Menschen an Intelligenz übertreffende Superintelligenz überhaupt anstreben wollen, denn es ist wenig wahrscheinlich, dass letztere sich einer ihr intellektuell nicht gewachsenen Menschheit unterordnen würde.

Die bloße Vorstellung einer künftigen Superintelligenz erlaubt, jenen Unterschied zum Menschen herauszuarbeiten, der für unsere Zukunft von essenzieller Bedeutung ist. Dieser Unterschied zwischen KI und Mensch betrifft die Fähigkeit des Menschen, die Welt nicht durch den Geist allein zu erfahren, sondern im laufenden Zusammenspiel zwischen Geist und Körper. Wie der portugiesische Neurowissenschaftler António Damásio überzeugend herausgearbeitet hat, resultiert die Konstruktion unseres Geistes aus der Interaktion unserer Nervensysteme (dem Hirn, aber auch dem Darm als „zweites Gehirn“) und unseres übrigen Organismus.

26 Siehe vor allem Damásio, António: *The Strange Order of Things: Life, Feeling, and the Making of Cultures,* 2018

Damásio erteilt damit der insbesondere von Descartes behaupteten Trennung von Geist und Körper eine Absage; Körper und Geist stehen in unauflösbarem Zusammenhang und beeinflussen einander ständig. Angesichts dieser Verschmelzung von menschlichem Körper und Geist weist Damásio die verbreitete Behauptung, der Organismus sei nur eine Serie von Algorithmen, zurück. Für die weitere Entwicklung menschlicher Zivilisation ist dies eine gute Nachricht: Denn die Berufung des Menschen im 21. Jahrhundert besteht eben nicht darin, sich digitaler Intelligenz möglichst anzugleichen und letztlich in ihr aufzugehen (sogenannte „Singularität“) sowie auf diesem Weg möglichst viele Daten zu erzeugen, wie es uns der Transhumanismus (der den Menschen durch digitale Technologien, insbesondere KI, perfektionieren will) und der technische Posthumanismus (der den Menschen durch diese Technologien letztlich überwinden und durch Künstliche Superintelligenzen ablösen will) weismachen wollen. Unsere Aufgabe ist vielmehr, die Welt und unser Leben darin mit einer *mehr-als-menschlichen Haltung* ökologisch und sozial regenerativ zu gestalten, also unsere Lebens- und Wirtschaftskultur so zu verwandeln, dass der Erde mehr zurückgegeben als entnommen wird. Die Nutzung digitaler Technologien, insbesondere der Königsdisziplin Künstliche Intelligenz, sollte vorrangig der Erfüllung dieser zentralen Aufgabe dienen.

Folgt man der Anschauung Damásios, erscheint die Frage der Superintelligenz in
 neuem Licht: Denn Künstliche Allgemeine Intelligenz und Superintelligenz

bedeuten weder Geist noch Bewusstsein nach menschlichem Verständnis (was dem Transhumanismus und vor allem dem technischen Posthumanismus im Grunde den Boden entzieht, sie aber deshalb nicht weniger gefährlich macht). Eine Superintelligenz, die in Gestalt eines Roboters auftritt, kann durch diesen künstlichen Körper – oder genauer: durch das laufende Zusammenspiel der Superintelligenz und ihres Roboterkörpers – die Welt *nicht* in einer Weise erfahren, die auch nur annähernd der Wahrnehmung der Welt durch den Menschen entspricht. Oder wie es der französische Philosoph Gaspard Koenig im Buch über seine Reise in das Land Künstlicher Intelligenz ausdrückt: Es sei absurd, sich einen Humanoiden in Plastik vorzustellen, der von einem künstlichen Geist gesteuert wird, und noch absurder, ihm eigene Persönlichkeit zuzuschreiben. Der Mensch denke ebenso mit seinen Zehen wie mit seinem Hirn, und keine Künstliche Intelligenz sei in der Lage, unsere Zehen zu imitieren.

27 Vgl. Koenig, Gaspard: *La Fin de l'individu. Voyage d'un philosophe au pays de l'intelligence artificielle,* 2019, S. 91

Dementsprechend stellt sich auch die Frage allfälliger Willensbildung durch eine Superintelligenz völlig neu: Wie könnte eine eigenständige Willensbildung durch eine künftige Superintelligenz erfolgen, wenn sie über keinen eigenen physisch in der Welt verorteten Organismus verfügt? Für Koenig ist die Sache klar: Wer eigenen Willen entwickeln und eine entsprechende Absicht zum Ausdruck bringen will, muss mit einem biologischen Körper ausgestattet sein.

Die Frage, wie weit wir uns von wirkmächtigen Technologien verbessern lassen oder ob wir gar unsere Position als dominierende Spezies an eine von uns geschaffene künstlich superintelligente Spezies abgeben wollen, mag daher jeder für sich selbst beantworten. Für die Zukunft menschlicher Zivilisation zählt, was wir als Spezies Mensch wollen. Denn selbst wenn sich der Großteil der Staaten auf ein Verbot der Entwicklung Künstlicher Superintelligenz verständigen sollte, in einer KI-Großmacht aber unbeirrt an deren Herstellung weitergearbeitet wird, tragen wir alle die Folgen, wenn dort eine Künstliche Superintelligenz entsteht. Es ist ähnlich wie bei der Klimakatastrophe: Länder, die Verbote unterlaufen, haben die Konsequenzen nicht allein zu schultern, sondern ziehen den Rest der Welt mit in den Abgrund. Wir brauchen daher weltweit eine breite Auseinandersetzung darüber, wie diese Technologien, vor allem generative Künstliche Intelligenz, zum Wohl der Menschheit eingesetzt werden können und wie wir uns als Menschen vor nachteiligen Auswirkungen dieser Technologien schützen. Das ist der Ausgangspunkt für den Digitalen Humanismus, mit dem ich mich seit 2015 beschäftige. Ich definiere ihn als *umsichtiges Streben nach Unterstützung der Menschen durch digitale Technologien, insbesondere Künstliche Intelligenz, und nach Schutz der Menschen vor nachteiligen Auswirkungen dieser Technologien.*

In den letzten Jahren hat in verschiedenen Teilen der Welt eine umfassende Auseinandersetzung mit dem Digitalen Humanismus eingesetzt, die u.a. im Mai 2019 im WIENER MANIFEST ZUM DIGITALEN HUMANISMUS gipfelte und zu einer Reihe exzellenter Publikationen führte, allen voran das Buch *DIGITALER HUMANISMUS. Eine Ethik für das Zeitalter der Künstlichen Intelligenz* von Julian Nida-Rümelin und Nathalie Weidenfeld.

28 Nida-Rümelin, Julian; Weidenfeld, Nathalie: *DIGITALER HUMANISMUS. Eine Ethik für das Zeitalter der Künstlichen Intelligenz,* 2018

Sie verstehen ihren Zugang als Alternative zur Silicon Valley-Ideologie, die in Künstlicher Allgemeiner Intelligenz eine neue Religion sieht, und erachten den Digitalen Humanismus als einzig plausiblen Gegenentwurf: „Ein Humanismus, der die menschliche Autorschaft nicht bezweifelt und nicht gefährdet, sondern diese vielmehr durch den Einsatz digitaler Techniken erweitert. [...] Der digitale Humanismus plädiert für eine instrumentelle Haltung gegenüber der Digitalisierung: Was kann ökonomisch, sozial und kulturell nutzen, und wo lauern Gefahren? [...] Der digitale Humanismus ist nicht defensiv [...], er spricht sich für eine Beschleunigung des menschlichen Fortschritts unter Einsatz der digitalen Möglichkeiten aus, um unser Leben reichhaltiger, effizienter und nachhaltiger zu machen. Er träumt nicht von einer ganz neuen menschlichen Existenzform wie die Transhumanisten, er bleibt skeptisch gegenüber utopischen Erwartungen, ist aber optimistisch, was die menschliche Gestaltungskraft der digitalen Potenziale angeht."

29 Nida-Rümelin; Weidenfeld, S. 60, S. 205 und S. 207

Festzuhalten ist, dass digitale Werkzeuge einschließlich Künstlicher Intelligenz in ihrem aktuellen Entwicklungsstadium von Menschen geschaffen und gesteuert werden. Der Digitale Humanismus will nicht nur sicherstellen, dass Menschen von diesen Technologien angemessen profitieren (*Digitale Gerechtigkeit* und speziell *Datengerechtigkeit*) und vor ihren nachteiligen Auswirkungen geschützt werden; er bringt auch *Pflichten* mit sich, indem er Menschen, in deren Eigentum diese Technologien stehen oder die sonst an ihrer Bereitstellung teilhaben bzw. mitverdienen (etwa durch Jobs bei großen Tech-Konzernen), dazu anhält, beim Einsatz dieser Technologien höchste Sorgfalt walten lassen. Der Digitale Humanismus erweitert aber diese Pflichten auf uns alle in all unseren Rollen – als Bürger*innen, Verbraucher*innen, in unserer beruflichen Tätigkeit und ganz besonders als digital vernetzte User*innen und als „Bürger-Zukunftsdesigner*innen". Insbesondere verlangt er von uns, in unseren digitalen Aktivitäten gegenüber anderen Menschen achtsam zu sein. Er ist damit im Verhältnis von Mensch zu Mensch besonders relevant.

Der Digitale Humanismus versucht zwar, einerseits die Potenziale Künstlicher Intelligenz und anderer von Menschen geschaffener digitaler Technologien aufzuzeigen und andererseits rote Linien für unseren Umgang damit zu ziehen, letztlich aber vertraut er auf unsere menschliche Vernunft. Darin trifft er sich mit den Anliegen eines neuen ökologischen Humanismus oder – noch einprägsamer – „Klima-Humanismus" (Klima immer umfassend verstanden). Ich würde letzteren definieren als *umsichtiges Streben nach Schutz der Menschen vor nachteiligen Auswirkungen des menschgemachten Klimawandels durch Maßnahmen der Klimafürsorge und Klimaanpassung sowie nach Verbesserung der sozialen Gerechtigkeit und der Lebensqualität der Menschen durch eine neue, nachhaltige Lebens- und Wirtschaftskultur, die sich am Maßstab von Klimaresonanz orientiert.*

Die Achtung der Menschenwürde verlangt im Interesse der dauerhaften Bewohnbarkeit unseres Planeten eine *gleichwertige ökologische Ethik,* in deren Zentrum die Achtung der Erde und ihrer Ressourcen und Demut gegenüber der Natur, ihrer Flora und Fauna stehen. Der Übergang des humanistischen Verständnisses von unserer auf das Wohl des Menschen fokussierten, sog. anthropozentrischen Haltung auf eine mehr-als-menschliche Haltung, die andere Spezies und die Erde insgesamt schützt, ist daher kein Widerspruch in sich, sondern schlüssig, weil ökologische Fürsorge, neben allen anderen Argumenten, der Bewahrung menschlicher Zivilisation auf der Erde dient. Die *ökologische Determinierung des Digitalen Humanismus* bedeutet, dass die Teilhabe an digitalen Technologien nicht im Widerspruch zur Bewältigung der Klima- und Biodiversitätskrise einschließlich ihrer sozialen Aspekte stehen darf, sondern ökologisch vertretbar sein muss und – mehr noch – dafür positiv genützt werden muss. Dies ist umso wichtiger, als die Digitalisierung *Enabler* und wesentlicher Treiber der wichtigsten, sich exponentiell ausbreitenden Allzwecktechnologien der Zukunft ist, von Künstlicher Intelligenz und Quantum Computing über 3D-Druckverfahren und synthetische Biologie bis hin zu Erneuerbaren Energien.

Wir müssen die *umfassende Achtung menschlicher Würde* mit *ganzheitlicher Achtung der Erde und ihrer Ressourcen und Demut vor der Natur* verbinden. Mit der Verknüpfung dieser beiden Ansätze treffen wir eine klare Wahl für eine emissionsarme und ressourcenleichte Wirtschafts- und Lebenskultur und schaffen zugleich die besten Voraussetzungen für genuine *Resilienz* in Wirtschaft und Gesellschaft.

Die Notwendigkeit eines Klima-Humanismus ergibt sich auch aus den Forderungen nach Klimagerechtigkeit, geht aber weit darüber hinaus, denn im Grunde hat jeder Mensch ein Recht auf Klimastabilität im Sinn stabiler klimatischer Verhältnisse. Dieser von mir entwickelte Begriff der „Klimastabilität" bezieht sich auf das im Pariser Klima-Übereinkommen von 2015 festgeschriebene Ziel der internationalen Staatengemeinschaft, den Anstieg der weltweiten Durchschnittstemperatur auf deutlich unter 2 Grad gegenüber vorindustriellen Werten zu begrenzen, sowie auf das dort ebenfalls verankerte, noch weitergehende Ziel der internationalen Staatengemeinschaft, den Anstieg auf möglichst 1,5 Grad zu begrenzen, da dies die Risiken und Folgen des Klimawandels deutlich mindern würde. Die Erreichung von Klimastabilität im beschriebenen Sinn kann als Herzstück des Klima-Humanismus angesehen werden, aus dem sich die Dringlichkeit von Klimaschutz- und Klimaanpassungsmaßnahmen sowie die Spielräume und roten Linien für künftige menschliche Lebens- und Wirtschaftskultur ableiten lassen. Damit wird auch klar, warum der Digitale Humanismus und der Klima-Humanismus eng verzahnt sind: Um Klimastabilität herzustellen, ist der Einsatz digitaler Technologien und vor allem Künstlicher Intelligenz unverzichtbar (aber freilich nicht ausreichend). KI sollte sogar, wie gar nicht genug betont werden kann, vorrangig zur Bewältigung der Klimakrise eingesetzt werden. Damit ist aber der Digitale Humanismus gefordert, die roten Linien für diesen Einsatz zu bestimmen – etwa um eine Ökodiktatur, wie sie sich in autoritären Ländern entwickeln könnte, zu vermeiden. Auch der Einsatz Künstlicher Intelligenz im Rahmen des generell problematischen *Geoengineering,* auch *Climate Engineering* genannt (also der bewussten technologischen Manipulation des Klimasystems zur Milderung der Auswirkungen des Klimawandels), bedürfte einer strengen Prüfung.

30 Für eine ausführliche kritische Analyse des Geoengineering siehe auch Buck, Holly Jean: *After Geoengineering. Climate Tragedy, Repair, and Restoration,* 2019

Das Konzept der Klimaresonanz erscheint somit als wertvolle Brücke zwischen Digitalem Humanismus und Klima-Humanismus: Es ermutigt uns, den Druck der digital vorangetriebenen Steigerungsgesellschaft hinter uns zu lassen und die Welt geistig-körperlich neu zu erfahren. Es stattet uns mit einem neuen ökosozialen Bewusstsein aus, das uns frische Zugänge zur Natur eröffnet und uns zu neuer Wertschätzung ihrer Qualitäten veranlasst; es relativiert die Bedeutung digitaler Gadgets und virtueller Parallelwelten in unserem Leben. Es appelliert an uns, unsere Rolle als „Stewards“ der Erde ernst zu nehmen, um unseren Planeten in möglichst gutem Zustand an nachfolgende Generationen zu übergeben, und weist damit Vorstellungen des Transhumanismus und des Posthumanismus in die Schranken, den Menschen als solchen zu überwinden. Es fordert uns zur Abkehr von der linearen Massenkonsumgesellschaft und zu umfassender Kreislaufkultur auf und zeigt uns Wege, durch klugen entmaterialisierten (d.h. vor allem digitalen) Konsum emissionsärmer und ressourcenleichter gut zu leben.

Genauso, wie wir die Digitale Moderne und die Klima-Moderne zu einer ganzheitlichen *Regenerativen Digitalen Moderne* verweben müssen, gilt es, den Digitalen Humanismus und den Klima-Humanismus konsequent zusammenzudenken. Denn wenn die Klima-Krise und Künstliche Intelligenz als Mega-Herausforderungen, an denen sich das Schicksal der Menschheit entscheidet, nur zusammen bewältigt werden können, müssen auch die beiden dafür essenziellen Humanismen besser ineinandergreifen. In diesem Sinn können wir von einem Regenerativen Digitalen Humanismus sprechen, der die Achtung der Menschenwürde mit der Achtung der Würde der Natur und der Wertschätzung ihrer Schönheit und ihrer Ressourcen ganzheitlich verknüpft. Um die Zukunft der Menschheit im Sinn des Sieben-Generationen-Prinzips langfristig zu sichern, sind wir gut beraten, die wechselseitigen Potenziale der digitalen Transformation und der ökosozialen Transformation zu nützen und ihre wechselseitigen Risiken zu vermeiden. Dafür braucht es eine ökosozial orientierte Weiterentwicklung Künstlicher Intelligenz zu genuiner Mensch-KI-Teamintelligenz.

Leider fehlt bisher das Mindset für eine lösungsorientierte Verknüpfung von KI und Klimakrise – ein in der Lebens- und Wirtschaftskultur fest verankertes neues *KI-Mindset,* das nicht nur den Menschenrechten und demokratischen Werten verpflichtet ist und zugleich den erheblichen ökologischen Fußabdruck Künstlicher Intelligenz drastisch verringert, sondern einen zusätzlichen Fokus aufweist: in engem Teamwork von künstlich intelligenter Maschine und Mensch zur Bewältigung der Klima- und ökosozialen Gesamtkrise beizutragen. Nennen wir es verkürzt *„Climate AI“*-Mindset. Auch dafür ist Klimaresonanz ist ein vorzüglicher Maßstab.

Gerade angesichts der enormen Verbreitung von Modellen generativer KI wie ChatGPT sind nicht nur die KI-Spezialist*innen, sondern wir alle aufgerufen, ein *„Climate AI“*-Mindset zu entwickeln. Es geht darum, Demut vor der Natur und deren Reichtum mit einem nüchternen, instrumentellen Zugang zu KI verbinden. Gefordert ist unser gemeinsames Engagement, KI so einzusetzen, dass sie uns Menschen dient (und nicht umgekehrt) und uns vorrangig bei der Bewältigung der Klima- und ökosozialen Gesamtkrise unterstützt. Es führt kein Weg daran vorbei, auch jene, die sich bisher dem

Silicon Valley-AI-Mindset verschrieben haben, für *Climate AI* zu gewinnen. Denn es wäre völlig unverständlich, wenn die mächtigsten Technologien, die die Menschheit bisher erfunden hat, nicht vorrangig zur Lösung ihres größten anderen Problems eingesetzt würden. Dafür braucht es alle im Boot.

Eine Vielzahl von Fragen drängt sich auf: Wie sehr könnte Künstliche Intelligenz Fahrpläne zur Klimaneutralität konterkarieren – oder beschleunigen? Welche sozialen Verwerfungen könnte KI bewirken und wie könnte dagegen Vorsorge getroffen werden? Und welche sozialen Innovationen könnte sie ermöglichen? Welche weiteren Phasen der KI-Revolution könnte es geben, von denen wir uns heute noch gar keine Vorstellung machen? Was bedeutet die anrollende KI-Revolution für eine weitgehend linear funktionierende Massenkonsumgesellschaft? Wird sie den Massenkonsum und damit die Ressourcenextraktion in weiten Teilen der Welt verstärken? Oder kann Künstliche Intelligenz zum Treiber des *Circular Turn,* also des Übergangs von der linearen Wirtschaft und Gesellschaft zur Kreislaufkultur, werden und wie? Wie könnte KI datenschutzverträglich eingesetzt werden, um *radikale Transparenz* und damit bessere Vergleichbarkeit der Aktivitäten von Unternehmen in Bezug auf ihren ökologischen Fußabdruck und allfällige Praktiken sozialer Extraktion (z.B. Kinderarbeit im Globalen Süden) zu schaffen und damit die Bedingungen für fairen, klima- und menschenfreundlichen Wettbewerb herzustellen?

Aber die Fragen gehen noch viel weiter: Kann Künstliche Intelligenz gar zur „Superberaterin“ des Menschen in der Großen Transformation werden, ohne dass wir den – in China erkennbaren – Weg von öko-diktatorischen Maßnahmen einschlagen? Können durch klug weiterentwickelte KI sogar soziale Fortschritte erzielt und die soziale Ungleichheit zwischen Globalem Norden und Süden, aber auch innerhalb von Staaten verringert werden? Wie müsste KI gestaltet sein, um durch Verdichtung, Erweiterung und Beschleunigung von Dekarbonisierungs- und Kreislaufprogrammen sinnstiftende neue Jobs/Arbeit zu ermöglichen? Liegt in einer ökosozialen Kurskorrektur der KI-Revolution eine besondere Chance für Europa – auch angesichts besonderer Stärken Europas wie seine historisch gewachsenen Städte mit ihren beachtlichen Innovations- und Resilienzpotenzialen? Wie könnte eine solche ökosoziale Kurskorrektur bewerkstelligt werden?

Um noch spekulativer zu werden: Kann es in Europa gelingen, die Weiterentwicklung Künstlicher Intelligenz in neue Richtungen anzustoßen, bei denen die in China und den USA laufend generierten Datenmassen möglicherweise nicht mehr der entscheidende Wettbewerbsvorteil sind, sondern andere Voraussetzungen für die Effektivität und Qualität von KI zählen? Wäre eine so umfunktionierte KI geeignet, Werte wie Demut vor der Natur und Wertschätzung ihrer Ressourcen sowie soziale Gerechtigkeit ausreichend zu stärken und damit auch die Strategien des Transhumanismus bzw. technischen Posthumanismus zu durchkreuzen?

Im Folgenden skizziere ich einige Beispiele, wie KI konsequent für Klimaschutz, Biodiversität, Ökosystemqualität und Kreislaufkultur (*Circular Culture*) genützt werden könnte – Kurzformel *Climate & Circular:*

31 Die Beschreibung der KI-Teilbereiche greift dabei teilweise zurück auf Lee, Kai-Fu: *AI SUPERPOWERS: China, Silicon Valley, and the New World Order,* 2018

Maschinenlernen (*Machine Learning*) hat sich in den letzten Jahren zu einem besonders erfolgreichen Zweig Künstlicher Intelligenz entwickelt, und hier insbesondere das sogenannte *Deep Learning*. Während der Mensch gut darin ist, vor dem Hintergrund geringer Datenmengen eingehende Analysen vorzunehmen, Schlussfolgerungen zu treffen, abstrakte Konzepte zu erstellen, gesunden Menschenverstand (*common sense*) anzuwenden, Einblick und Erfahrung einzubringen und vor allem durch Kreativität zu brillieren, benötigt *Deep Learning AI* riesige Datenmengen, auf deren Basis sie eine hinreichend konkrete objektive Aufgabe/Zielvorgabe optimiert oder für die Einzelperson bzw. den Einzelfall maßgeschneiderte Vorschläge und Lösungen erarbeitet. Diese Vorzüge von *Deep Learning AI* sind ein guter Ausgangspunkt, um eine *ökosozial verantwortungsvolle KI* zu entwickeln, eine KI, die selbst in komplexen Situationen maßgeschneiderten Rat erteilen kann, zum Beispiel ein konkretes, ökosozial vorbildliches Verhalten empfiehlt. Gleichsam meine KI als persönliche *Climate & Circular*-Beraterin!

Mobil wird eine solche laufende Beratung durch KI über jene Mensch-Maschine-Schnittstellen erfolgen, die in den kommenden Jahrzehnten dem heutigen Smartphone und verwandten Geräten (Apple Watch etc.) entsprechen, beispielsweise auch über künftige smarte Kontaktlinsen. KI-gesteuerte immersive Simulationstechnologien (übergreifend als *Extended Reality, X Reality* oder XR bezeichnet) wie die heute verbreiteten Formen *Virtual Reality* (VR) und *Augmented Reality* (AR) und künftige verfeinerte *Mixed Reality* (MR) werden dabei eine wichtige Rolle spielen; sie eignen sich für persönliches, aber auch kollektives *Climate & Circular*-Training.

Eine solche künstlich-intelligente *Climate & Circular*-Beratung könnte und sollte wesentlicher Teil künftiger persönlicher KI-Begleiterinnen (*personal AI companions*) sein, mit deren Verbreitung in den kommenden Jahren zu rechnen ist. Trotz der gegenwärtig noch bestehenden Unzulänglichkeiten kann diesen Technologien eine große Zukunft prophezeit werden, wie die Dialogqualitäten von ChatGPT beweisen. Dies ist nicht nur für Unternehmen von Interesse, sondern auch im Bildungsbereich und hier insbesondere für individualisiertes Lernen in Ergänzung der Angebote traditioneller Bildungseinrichtungen (*personalized AI tutor* für Schüler*innen und Studierende). Diese Potenziale sollten unbedingt für den Themenkreis *Climate & Circular* genutzt werden: *Climate & Circular Literacy* muss mithilfe Künstlicher Intelligenz zu einem Bildungsschwerpunkt werden, und zwar auch jenseits von Schule und Universität im Sinn lebenslangen Lernens, zumal der Einsatz der oben erwähnten immersiven Simulationstechnogien (*Extended Reality,* XR) völlig neuartige Zugänge eröffnen kann. Immersive Technologien werden auch bei anlassbezogener, laufender persönlicher *Climate & Circular*-Beratung durch KI zum Einsatz kommen.

Climate & Circular-Beratung durch KI sollte aber keine Einbahnstraße sein. Das heißt, idealerweise erschöpft sich der Beratungs-Input der KI nicht in einer oder mehreren Empfehlungen, sondern setzt einen Dialog in Gang, aus dem beide Seiten lernen und der vielleicht zu einer noch besseren Entscheidung führt als die ursprüngliche Verhaltensempfehlung der KI-Beraterin. Hier entsteht im Ansatz schon „Teamintelligenz". Noch spannender wird es, wenn die KI mit einer größeren Gruppe von Menschen kommuniziert, deren Reaktionen verarbeitet sowie Feedback gibt und ihrerseits erhält. In diesem Sinn dialogisch angelegter *Climate & Circular*-Austausch zwischen KI und Menschen birgt zugleich vielversprechendes Potenzial für Unternehmen sowie die Politik und öffentliche Verwaltung auf verschiedenen Ebenen. Derartige Mensch-KI-Kooperation eröffnet auch *Smart Cities* neue Dimensionen, sich zu teamintelligenten und ökosozial fürsorglichen Städten weiterzuentwickeln – wobei stets darauf zu achten ist, dass es zu keinerlei Unterwanderung demokratischer Prozesse durch Zuhilfenahme Künstlicher Intelligenz kommt.

Da die aktuellen Stärken von *Deep Learning AI* komplementär zu menschlichen Stärken sind, empfiehlt sich somit – trotz unterschiedlicher Datenanforderungen – ein enges Zusammenwirken zwischen Menschlicher und Künstlicher Intelligenz. Eine solche Mensch-KI-Teamintelligenz könnte um nicht-menschliche *Biologische Intelligenz* erweitert werden, indem für bestimmte Aufgabenstellungen zusätzlich die Intelligenz von Pflanzen, Tieren, Algen, Schleimpilzen (berühmt für ihre Navigationsqualitäten!) und vor allem Pilzen in ihrer enormen Vielfalt herangezogen wird. Nutzen wir wo immer möglich zukunftsweisende Biologisch-Künstliche Teamintelligenz!

Derartige Teamintelligenz sollte zugleich helfen, in Ergänzung anderer Methoden (wie der Überprüfung von Trainings-Datasets) die bekannten ethischen Mängel und damit verbundenen Nachteile Künstlicher Intelligenz zu überwinden. Zu erwähnen ist hier die bisher nur unzureichend umgesetzte Notwendigkeit, dass Empfehlungen und erst recht Entscheidungen Künstlicher Intelligenz ausreichend begründet und gerechtfertigt werden. Es handelt sich um ein gravierendes Problem, das geeignet ist, das Vertrauen der Menschen in KI zu erschüttern. Anstelle einer unergründlichen *„AI black box“* braucht es also künftig erhöhte Transparenz Künstlicher Intelligenz. Ein weiterer schwerwiegender Nachteil von *Deep Learning AI* ist ihre Anfälligkeit für Voreingenommenheit, sog. *bias,* beispielsweise wenn die Daten, an denen die KI trainiert wird, unzureichend sind oder die Wahrnehmung von Geschlecht oder Diversität verzerren, etwa im Falle von Minoritäten. Auch hier sind substanzielle Verbesserungen dringend erforderlich.

In diesem Zusammenhang stellt sich allerdings die Frage, ob in ausgewählten Fällen Voreingenommenheit nicht sogar erlaubt bzw. ausdrücklich empfohlen werden sollte: Wäre positive *pro-nature bias* als Standardeinstellung künftiger persönlicher KI-Begleiterinnen eine den Dimensionen der Klima-, Biodiversitäts- und Ökosystemkrise angemessene Idee? Ich bin mir bewusst, dass dies ein kontroversielles Terrain ist, weil selbstlernende KI immer schwerer kontrollierbar wird; vermutlich wird daher am Ende die Einschätzung stehen, dass ein solches Vorgehen zu riskant ist. Dennoch sollten wir zumindest die Möglichkeiten prüfen, ob und in welchem Ausmaß wir Standardeinstellungen unserer künstlich intelligenten Beratungstools zugunsten der Natur (*pro nature*) anlegen.

Mit ChatGPT und den zugrundeliegenden Technologien ist ein neuer Meilenstein der künstlich intelligenten Durchdringung unserer Lebens- und Wirtschaftskultur erreicht. Wir spüren aber auch noch frühere Wellen Künstlicher Intelligenz wie – in der Diktion des KI-Experten Kai-Fu Lee – die erste KI-Welle, die „Internet-KI“ (z.B. von KI generierte Empfehlungen oder KI-erstellter Newsfeed) und die zweite, nämlich „Business-KI“ (z.B. KI-generierte Kreditvergabe, medizinische Diagnostik oder inhaltliche Beratung bei Gerichtsurteilen durch KI). Die dritte Welle („Wahrnehmungs-KI", engl. *„perception AI"*) macht sich immer stärker bemerkbar und betrifft die digitale Erfassung unserer gesamten physischen Welt durch Sensoren und *smart devices.* Dadurch verschwimmen die Grenzen zwischen online und offline, und es entstehen *blended environments,* auch „OMO: *online-merge-offline*" genannt. OMO ist der nächste Schritt einer Evolution, die bisher bereits von e-commerce-Zustellungen zu O2O (*online-to-offline*) Dienstleistungen geführt hat. OMO bedeutet die volle Integration der Online-Welt und unserer physischen Welt. Erste Vorboten sind etwa „Zahl-mit-deinem-Gesicht"-Anwendungen. Immersive OMO-Szenarien (mit Techniken wie visuelle Identifizierung, Spracherkennung, Schaffung eines detaillierten Profils auf Basis des bisherigen Verhaltens) reichen weit über Shopping hinaus und eignen sich zum Beispiel für maßgeschneiderte „education experience".

Auch die vierte Welle Künstlicher Intelligenz ist im Anrollen: autonome KI. Laut dem KI-Experten Kai-Fu Lee stellt autonome KI die Integration der vorangegangenen Wellen dar und vereint die Fähigkeit von Maschinen, aus extrem komplexen Datensätzen zu optimieren, mit ihren neu entdeckten sensorischen Fähigkeiten.

32 Vgl. Lee, Kai-Fu 2018, S. 128

Durch diese Kombination entstünden Maschinen, die die Welt um sich herum nicht nur verstehen, sondern sie auch gestalten, Maschinen, die einen Großteil unseres täglichen Lebens revolutionieren werden, einschließlich unserer Einkaufszentren, Restaurants, Städte, Fabriken und Feuerwehren. Dies werde – wie auch bei früheren KI-Wellen – nicht auf einmal geschehen, sondern schrittweise. Das Spektrum reicht von schon heute aktiven autonomen Robotern, die reife Erdbeeren erkennen und pflücken, über hitzeresistente Drohnenschwärme zur hundertmal effizienteren Bekämpfung von Waldbränden bis hin zu autonomen Autos.

Künstliche Intelligenz ist auf Daten angewiesen, und Kameras, Mikrophone und eine Vielzahl anderer Sensoren und *smart devices* sind die datenliefernden Sinne von KI. Die Verbindung mit Robotern verschafft Künstlicher Intelligenz jedoch neuartige Entfaltungsmöglichkeiten, weil sie sich unmittelbar im physischen Raum bewegen und auf diesen *realtime* einwirken kann. Die Robotik eröffnet Künstlicher Intelligenz daher auch ein breites Spektrum von Klimafürsorge-Aktivitäten im physischen Raum. So können beispielsweise Drohnen und andere intelligente Roboter in regenerativer Präzisionslandwirtschaft eingesetzt werden. *Robotic Computer Vision* ist schon heute weit entwickelt und erlaubt Robotern vielfältige Aufgaben. Künftig werden Roboter zunehmend als autonome Künstliche Intelligenzen zum Einsatz kommen, die selbstständig planen, Feedback sammeln, ihre Tätigkeit entsprechend adaptieren oder bei unvorhergesehenen Umständen gar improvisieren.

Auch vollautonome, selbstfahrende Autos (*Autonomous Vehicles,* AVs), jenes *Climate & Circular*-relevante Thema, dem in der KI-Literatur die größte Aufmerksamkeit gewidmet wird, sind künstlich intelligente Roboter. Dabei wird aber in erster Linie die Erhöhung der Verkehrssicherheit durch weniger Unfälle und bisweilen auch die damit einhergehende Förderung klimafreundlicher Mobilität wie Radfahren und Gehen thematisiert. Autonome

Fahrzeuge können aber insbesondere in Städten viele weitere Vorteile bringen, wie beispielsweise die Einsparung von Parkplätzen und deren klima- und kreislauffreundliche Nutzung, etwa durch grüne Begegnungszonen oder durch als *Commons* betreute urbane Kleingärten. Mit umsichtigem Einsatz autonomer Fahrzeuge im Geiste von Klimaresonanz können wir zentrale Teile städtischer Lebenskultur neu erfinden.

Künstliche Intelligenz, einschließlich künstlich intelligenter Roboter, wird sich auch auf die Arbeitswelt auswirken, wenngleich die frühere düstere Einschätzung der Jobkiller-Effekte von KI in jüngster Zeit abgeschwächt wurde. Eine verstärkte Ausrichtung von Künstlicher Intelligenz (einschließlich intelligenter Robotik) auf *Climate & Circular*-Agenden und hier insbesondere Kreislaufkultur würde dazu beitragen, zum einen eine neue Wertschätzung für menschliche Jobs zu generieren, etwa auf dem Gebiet des Handwerks und Kunsthandwerks, im Reparaturbereich, im kreativen *Upcycling* sowie in der Landschaftspflege und Naturfürsorge, und zum anderen neuartige Anwendungsbereiche für Mensch-KI-Teamintelligenz zu schaffen. Auch bezüglich erst zu erfindender Job- und Arbeitsprofile sind der Fantasie kaum Grenzen gesetzt.

Eine *Climate & Circular*-Fokussierung von Mensch-KI-Teamintelligenz könnte somit eine Vielzahl sinnstiftender Arbeitsplätze generieren und damit eine Renaissance wertvoller menschlicher Arbeit einleiten. Dies trifft sich mit dem Übergang von der Industrie 4.0 zur *Industrie 5.0,* die den Menschen als Arbeitskraft nicht verdrängen, sondern durch intelligente Roboter und andere intelligente Maschinen unterstützen soll. Elon Musk ist nicht allein in der Einschätzung, dass exzessive Automatisierung kontraproduktiv sein kann und die Vorzüge menschlicher Arbeit nicht unterschätzt werden sollten. Bei der Industrie 5.0 geht es darum, dass Produktionsprozesse dank Künstlicher Intelligenz und smarten Robotern noch schneller und effizienter ablaufen können, dabei aber durch unmittelbare Zusammenarbeit der intelligenten Maschinen mit Menschen stets der menschliche touch, die besondere menschliche Note erhalten bleibt. Industrie 5.0 ist durch diesen menschlichen Faktor eine bessere Basis für eine noch stärkere Mensch-KI-Teamintelligenz als Industrie 4.0 mit ihrer Fixierung auf Automatisierung und Effizienz fernab menschlicher Arbeitskraft. Wenn Industrie 5.0 klug eingesetzt wird, könnte sie sogar resonanzfördernd wirken...

Ein teilweise fragwürdiger Vorteil der Digitalisierung und insbesondere des vermehrten Einsatzes Künstlicher Intelligenz ist das Potenzial der *Entmaterialisierung* menschlicher Aktivitäten: Was mit dem Streamen von Musik und Filmen (anstelle des Kaufs von CDs und DVDs) begonnen hat, bewegt sich mittlerweile in Richtung Erweiterter Realität (Extended Reality) und Metaversum (englisch Metaverse). Extended Reality umfasst wie bereits erwähnt Virtual Reality (VR) und Augmented Reality (AR). Während VR uns in eigenständige, d.h. von der physischen Realität völlig losgelöste immersive Computerwelten eintauchen lässt, blendet AR als anderer Weg der Extended Reality Computerbilder in unsere Betrachtung der physischen Welt ein. Wenn Computerwelten in VR-Qualität in unsere Sicht der physischen Welt eingebettet werden, wird auch von Mixed Reality (MR) gesprochen. Es verwundert nicht, dass sich die großen Tech-Konzerne längst in Stellung gebracht haben. Sie erwarten, dass Extended Reality das nächste große Ding nach dem Smartphone und generativer KI sein wird, wobei die einen, wie etwa Apple, mehr auf AR und andere wie insbesondere Facebook/Meta auf VR und hier vor allem auf das Metaverse setzen.

Der Begriff des Metaverse beschreibt die Idee einer völlig neuartigen künftigen Generation des Internet, das persistente, gemeinsam genutzte, virtuelle 3D-Räume zu einem imaginierten virtuellen Universum verknüpft. Das Metaverse wurde von Microsoft als „neue Vision" des Internet bezeichnet und veranlasste Facebook gar zur Umbenennung des Unternehmens in Meta. Das Metaverse ist weit mehr als ein bloßes Update des Internet durch 3-Dimensionalität. Entscheidend ist, dass sich Menschen, vertreten durch ihre Avatare, gleichzeitig im Metaverse aufhalten und dort interagieren können. Das Metaverse ist also eine digitale 3-D-Parallelwelt, in der sich in Echtzeit menschlicher Alltag einer Vielzahl von Avataren, die den dahinterstehenden Menschen die Illusion persönlicher Präsenz ermöglichen, ereignen kann. Je technologisch ausgeklügelter das Metaverse wird, umso exorbitanter könnte sein ökologischer Fußabdruck sein, wenn es nicht von Anfang an gelingt, durch entsprechende Innovationen die Emissionen gering zu halten.

Auch wenn der anfängliche Hype nachgelassen hat, ist angesichts des deklarierten Interesses aller Digitalgiganten davon auszugehen, dass das Metaverse in den kommenden Jahrzehnten in alle Lebensbereiche eindringen wird. Dies wirft jedoch bedeutsame Fragen für die Zukunft der Menschheit auf, für deren Beantwortung Klimaresonanz wertvolle Orientierung bietet: Ist das Metaverse wirklich eine große Chance, menschliche Zivilisation nichtfossil, sondern regenerativ zu gestalten? Oder wird die etwas primitive Magie des Metaverse – und ähnlich konzipierter Systeme – nicht viel wahrscheinlicher zu einer dramatischen und unumkehrbaren Entwertung der Wirklichkeit führen? Werden virtuelle Welten letztlich zu Orten, um der Erderhitzung und ihren zerstörerischen Auswirkungen zu entfliehen? Sie dürfen jedenfalls nicht als Ausrede dienen, wenn es darum geht, die Klima- und ökosoziale Gesamtkrise mit größtem Einsatz zu überwinden.

Wie in diesem Kapitel geschildert wurde, stellt Künstliche Intelligenz vielseitig einsetzbare Technologien bereit, um das Funktionieren der Welt grundlegend zu verändern. Diese auf *Deep Learning* basierenden Technologien sind auf riesige Datenmengen angewiesen, was China enorme Vorteile beschert und in Verbindung mit seiner ambitionierten KI-Strategie in die Lage versetzt, die USA (deren aktuelle Vormachtstellung sich vor allem auf Hardware/Chips gründet) früher oder später als AI-Superpower zu übertreffen. Eine entfesselte, sich besonders von China aus exponentiell ausbreitende Künstliche Intelligenz ohne Wenn und Aber ist ebenso wenig im Interesse Europas wie die Durchsetzung trans- oder posthumanistischer Visionen des Silicon Valley mithilfe Künstlicher Intelligenz. Die beiden KI-Supermächte unterscheiden sich insofern, als US-Unternehmen aus ihrer Sicht möglichst perfekte KI-Mechanismen anbieten und diese als solche, d.h. mit tendenziell geringen Möglichkeiten der Anpassung an lokale und regionale Kulturen, weltweit zu verbreiten versuchen, während chinesische Unternehmen eher mit lokalen und regionalen Partnern in anderen Ländern zusammenarbeiten und somit ihre KI-Ansätze durch entsprechende Flexibilität und kulturelle Anpassungsfähigkeit in solchen Ländern tendenziell leichter durchsetzen können. In weiten Teilen des Globalen Südens, in denen China schon jetzt wirtschaftlich sehr einflussreich ist, wird die KI-Revolution vermutlich von China gesteuert werden. In anderen Ländern und im Globalen Norden wird es zu einem harten KI-Wettbewerb zwischen chinesischen und US-Unternehmen kommen.

Für die Menschheit steht viel auf dem Spiel. Und Europa ist besonders gefordert: Kann es der EU und ihren europäischen Partnern gelingen, vom Handlungsdruck der Klimakrise ausgehend eigene Zugänge zur Nutzung Künstlicher Intelligenz zu entwickeln und diese mit Menschlicher Intelligenz zu einer kreativen und innovativen Teamintelligenz zusammenzuführen? Kann Europa es schaffen, dabei Kreislaufkultur und umfassende Regeneration als zukunftsweisenden Weg für Wirtschaftswachstum und Wohlstand in den Mittelpunkt zu stellen und damit den Übergang von Quantität zu erschwinglicher Qualität entscheidend voranzutreiben?

Wenn dies gelänge, wäre dies eine Schwerpunktverlagerung von Künstlicher Intelligenz in eine Richtung, die sich an Werten und prioritären Zielsetzungen der Menschheit orientiert und damit wichtigen Anliegen des Digitalen Humanismus Rechnung trägt. Europa verfügt über gute Voraussetzungen, durch kluge Kombination von Künstlicher und Menschlicher Intelligenz eine solche zukunftsweisende regenerative Teamintelligenz zu entwickeln. Für einen solchen Weg bräuchte es nicht nur die Schaffung eines Start-up-freundlichen Umfelds einschließlich entsprechender Forschungskapazitäten und Finanzierungsmechanismen, insbesondere Wagniskapital, sondern auch eine klare politische Schwerpunktsetzung. Vermutlich ist *Climate & Circular* jenes Anwendungsgebiet Künstlicher Intelligenz, in dem Europa noch die Chance hat, ganz vorne mit dabei zu sein. Es kann und muss hier seinen eigenen Weg entwickeln und zum Modell für gelebte Klimaresonanz werden.

Wenn unser Umgang mit Künstlicher Intelligenz im klaren Bewusstsein erfolgt, dass wir Menschen die Welt durch das laufende Zusammenspiel von Geist und Körper erfahren, entwickeln wir ein besseres Verständnis der roten Linien, die wir bei der Digitalisierung und insbesondere bei Künstlicher Intelligenz (einschließlich künstlich intelligenter Roboter) keinesfalls überschreiten sollten. Statt auf Teufel komm raus an der Entstehung einer Superintelligenz zu arbeiten, sollten wir den bisher vernachlässigten Potenzialen von Mensch-KI-Teamintelligenz, erweitert durch nicht-menschliche Biologische Intelligenz, künftig unser Hauptaugenmerk widmen. Wenn unsere Wahrnehmung der Welt und unser Umgang mit der Natur – sei es lokal, regional oder global – durch die Verschmelzung von Geist und Körper geprägt ist, dann ist diese jedem Menschen eigene, sich laufend weiterentwickelnde Erfahrung nicht durch digitale Technologien reproduzierbar, kopierbar oder gar ersetzbar – auch wenn technischer Fortschritt verblüffend echt wirkende virtuelle Parallelwelten generieren kann. Wir verstehen dann, dass Künstliche Intelligenz und andere innovative Technologien ihren Platz haben, uns aber die Suche nach uns selbst nicht ersparen können. Wir begreifen, dass diese Suche nach uns selbst Voraussetzung für unser Agieren als *kooperationsfähige (öko-)soziale Wesen* ist. Wir erkennen, dass der Qualität unserer körperlich-geistigen Welt- und Naturbeziehungen und damit auch dem Zustand unseres Heimatplaneten trotz aller digitalen (und realen) Konsumverlockungen zentraler Stellenwert in unserem Leben zukommt. Und wir erahnen, dass wir für die Suche nach uns selbst grundlegend neue Orientierung brauchen.

Klimaresonanz als *Maßstab für zukunftsfähige Lebens- und Wirtschaftskultur* kommt im Zusammenhang mit den wirkmächtigsten digitalen Technologien – selbstlernenden Künstlichen Intelligenzen – herausragende Bedeutung zu: Je stärker diese Technologien Wirtschaftsprozesse steuern und unseren Alltag durchdringen, umso deutlicher müssen wir Menschen uns von ihnen abgrenzen. Nicht die – von vielen Silicon Valley-Visionären betriebene – Angleichung der Menschen an intelligente Maschinen sichert die Zukunft der Menschheit, sondern das Gegenteil: Nur indem wir uns auch mit unseren besten, unverwechselbaren menschlichen Eigenschaften und Qualitäten in die Gesellschaft wie in die Wirtschaft einbringen, schaffen wir eine aus menschlicher Sicht zukunftsfähige Lebens- und Wirtschaftskultur. Die Erneuerbaren Energien dafür liefert uns die Erde – aber nicht, indem wir sie durch Übernutzung zerstören, sondern indem wir sie pfleglich und respektvoll behandeln. Wesentliche Inspiration, warum das in unserem Interesse gelegen ist und wie wir diese Beziehung resonanzfördernd gestalten können, finden wir nicht nur bei indigenen Völkern, sondern vor allem auch in der Kunst, die neben der Natur eine Hauptresonanzachse des 21. Jahrhunderts bildet.

Die Suche nach uns selbst und unseren menschlichen Qualitäten ist gerade im Zeitalter des Vormarsches Künstlicher Intelligenz unerlässlich; wenn der künstlich superintelligente Geist einmal aus der Flasche ist, werden wir ihn nicht mehr einfangen können. Wie bei der anderen Mega-Herausforderung Klima geht es darum, das Erreichen von Kipppunkten – also Entwicklungen, die ab einem bestimmten Punkt nicht mehr gestoppt werden können, auch nicht durch die aufwendigsten Gegenmaßnahmen – zu vermeiden. Wie beim Klima steigen die Kosten auch vor dem Erreichen von Kipppunkten umso stärker, je länger wir zuwarten. Wie beim Klima steht nichts Geringeres als die Zukunft menschlicher Zivilisation auf dem Spiel. Zur Bewältigung dieser beiden Mega-Herausforderungen brauchen wir eine beide verknüpfende, ganzheitliche Strategie, die es erlaubt, auch die wechselseitigen Potenziale der Weiterentwicklung Künstlicher Intelligenz und effektiver Klimamaßnahmen zu nützen und ihre wechselseitigen Risiken (z.B. KI-Öko-Diktator) zu vermeiden. Zu diesem Zweck empfiehlt sich dringend eine ökosozial orientierte Weiterentwicklung Künstlicher Intelligenz zu genuiner Mensch-KI-Teamintelligenz.

Das hier vorgestellte Konzept der Mensch-Maschine-Teamintelligenz (bzw. um andere Spezies erweiterter Biologisch-Künstlicher Teamintelligenz) schafft ein großes, aber niedrigschwelliges symbolisches Bild, um zu verdeutlichen, dass KI kein Selbstzweck sein darf (nach dem bedenklichen Motto: Was technologisch möglich ist, muss auch realisiert werden), sondern dass KI als wirkmächtigstes Werkzeug die Menschheit bei der Lösung der vordringlichen Probleme unseres Zeitalters unterstützen sollte, und zwar im Sinn der hier vertretenen mehr-als-menschlichen Haltung, die das Wohl anderer Spezies und der Erde insgesamt miteinbezieht. Mit anderen Worten: Wir brauchen eine *radikal neue, kooperationsorientierte Ausrichtung* der stärksten Technologien des 21. Jahrhunderts, um aus der Sackgasse der fossilen Wachstumsgesellschaft herauszufinden und in allen Teilen der Welt das Ideal einer *ökologisch und sozial regenerativen Qualitätsgesellschaft* zu verwirklichen.

Das Konzept der Mensch-KI-Teamintelligenz geht daher insofern über ein symbolisches Bild hinaus, als es eine strategische Richtung vorschlägt, wie die noch kaum vorstellbaren ökosozialen Potenziale Künstlicher Intelligenz optimal genützt werden könnten, ohne dem Menschen das Heft aus der Hand zu nehmen. Zur Verdeutlichung wurde eine Fülle von Ideen skizziert, wie Künstliche Intelligenz zur Bewältigung der Klimakrise (im umfassenden Verständnis dieses Buches) beitragen könnte. Viele dieser Ideen sind so angelegt, dass sie erheblichen Spielraum für die genaue „Dosierung" der Anwendung von KI belassen. Sie sind nur der Beginn einer hoffentlich breiten, fundierten und vielfältige weitere Ideen generierenden Beschäftigung mit der Frage, wie Künstliche Intelligenz sinnvoll für die Bewältigung der Klimakrise als allerwichtigster Aufgabe der Menschheit überhaupt eingesetzt werden kann.

Die Ausrichtung Künstlicher Intelligenz und die Grenzen ihrer Nutzung zu bestimmen, ist grundsätzlich die Aufgabe politischer Prozesse. Hier werden liberalen Demokratien neue Qualitäten des politischen Dialogs abverlangt werden. Aber auch sogenannte „illiberale" Demokratien und autoritäre Staaten werden gut beraten sein, die Entwicklung Künstlicher Intelligenz nicht mit zynischem Kalkül voranzutreiben, sondern mit Umsicht und einem Mindestmaß an Transparenz. Denn im Kern geht es um die Frage, welche Aufgaben wir Menschen Künstlicher Intelligenz anvertrauen und ab welchem Punkt wir uns ihr nicht ausliefern wollen. Diese Frage ist von so übergeordneter Bedeutung, dass wir dringend ein *gemeinsames weltweites Verständnis* erzielen müssen, wie wir digitale Werkzeuge, insbesondere KI, zu unserem Wohl nützen, wo wir die Grenzen ziehen und wie wir uns vor Übergriffen schützen können, ja, wie wir überhaupt im KI-Zeitalter Mensch sein wollen.

In diesem Sinn versteht sich die vorgeschlagene Teamintelligenz von Mensch und KI (unter Einbindung nicht-menschlicher Biologischer Intelligenz) als Ansatz, nicht nur die komplementären Stärken der Teampartner bestmöglich zu nützen, sondern auch die weit in die Zukunft weisenden Qualitäten solcher Teamkonstellationen zu demonstrieren: Wenn es künftig „Intelligenzexplosionen" geben soll, dann nicht so, wie sich das die Expert*innen Künstlicher Superintelligenz vorstellen

33 Vgl. insbesondere Bostrom, Nick: *Superintelligence. Paths, Dangers, Strategies,* 2014

sondern als auf *Climate & Circular*-Lösungen fokussierte Strategien von Mensch-KI-Teamintelligenz, bei denen der Mensch im Einklang mit dem Sieben-Generationen-Prinzip das letzte Wort hat.

6

Kreislaufkultur

Im Kern sind alle ökologischen Krisen, die wir beobachten, Symptome einer Übernutzung der Natur, also einer Nutzung, die den erneuerbaren Ressourcen keine Regeneration erlaubt und die mit den nicht erneuerbaren nicht nachhaltig umgeht. Es braucht also eine Ressourcenwende: „Neben der Dekarbonisierung ist die Schaffung einer ressourcenleichten Zivilisation die zentrale Herausforderung der Großen Transformation. [...] Ähnlich wie die Dekarbonisierung wirkt dies auf den ersten Blick wie eine Herkulesaufgabe. Doch ein näherer Blick zeigt, dass die technologischen und ökonomischen Lösungsbausteine dafür vorhanden sind. [...] Das Konzept der Kreislaufwirtschaft steht dabei im Zentrum der Ressourcenwende."

34 Vgl. Schneidewind, Uwe: *Die Große Transformation. Eine Einführung in die Kunst gesellschaftlichen Wandels,* 2019, S. 208

Leider funktionieren Wirtschaft und Gesellschaft noch immer weitgehend linear, d.h. wir extrahieren Ressourcen, erzeugen Produkte, gebrauchen und verbrauchen sie und entsorgen sie danach, das heißt, wir werfen sie weg und entziehen sie damit einer Um- oder Weiternutzung – mit der Folge, dass viel zu viele Rohstoffe abgebaut werden. Daher braucht es dringend die Transformation von einer linearen zu einer Kreislaufwirtschaft (zirkulären Wirtschaft), in der Produkte langlebig und reparierbar gestaltet und Abfälle als Ausgangsmaterial für neue Produkte genützt werden. Dies ermöglicht es, Materialkreisläufe zu schließen und der Natur weniger Primärrohstoffe zu entnehmen. In diesem Zusammenhang kann nicht genug betont werden, dass die Kreislaufwirtschaft weit mehr beinhaltet als nur den umweltbewussten Umgang mit Abfällen. Im Zentrum der Kreislaufwirtschaft steht die nachhaltige Produktherstellung und -gestaltung. Um eine erhebliche Verringerung des Materialverbrauchs zu erreichen, muss von Anfang an sichergestellt werden, dass Produkte ressourcenschonend, langlebig und wiederverwendbar sind.

Folgendes Beispiel soll dies verdeutlichen: Wir alle schätzen gute Matratzen, nicht nur zuhause, sondern auch bei unseren Nächtigungen im Hotel. In Europa landen jährlich 18 Millionen Matratzen auf der Deponie. Ein österreichisches Start-up mit der ursprünglichen Bezeichnung „SLEEPIFY" (jetzt „MATR") setzte sich zum Ziel, dem Matratzenabfall ein Ende zu setzen und das Matratzenmanagement zu vereinfachen. Zu diesem Zweck haben die beiden Gründerinnen (eine von ihnen ist „Chief Dream Officer") eine Kreislauflösung für Hotels entwickelt: Das Startup produziert qualitativ hochwertige Matratzen aus 100%-recyceltem Material, die von Hotels einschließlich regelmäßiger Wartung und Reinigung gemietet werden können; nach etwa 5 Jahren (das ist der Zeitpunkt, an dem Hotels üblicherweise Matratzen durch neue ersetzen), werden die Matratzen wieder eingesammelt, einem vollständigen Recycling zugeführt und dem Hotel neue Matratzen geliefert (die wie erwähnt aus 100%-recyceltem Material hergestellt werden). Das Start-up führt auch die zuvor genutzten alten Matratzen der Hotels einem vollständigen Recycling zu.

Schon dieses leicht verständliche Beispiel zeigt die Komplexität von Kreislaufwirtschaftslösungen: Es geht um die Auswahl der Materialien, die sich am besten für die ganze Wertschöpfungskette eignen, wobei wesentliche Kriterien der Schlafkomfort, die Recyclebarkeit und der Transport sind. Was die Finanzierung betrifft, erfordert das Mietmodell die Vorfinanzierung der Matratzen und ein automatisiertes Abrechnungsmanagement mittels digitaler Lösungen. Auch die Partnerschaften sind essenziell; es gilt verlässliche Partner für die einzelnen Elemente entlang des Matratzen-Lebenszyklus auszuwählen und beidseitig zielführende Partnerschaften aufzusetzen.

Im Zentrum des geschilderten Geschäftsmodells steht das Produkt als Dienstleistung („*Product as a Service*“): Das Produkt wird zur Nutzung angeboten, während das Eigentum am Produkt beim Produzenten verbleibt, der daher wesentlich größeres Interesse an hoher Produktqualität hat, als wenn das Produkt verkauft würde. Daneben gibt es entlang der Wertschöpfungskette noch vier weitere Businessmodelle:

35 Lacy, Peter; Long, Jessica Long; Spindler, Wesley: *The Circular Economy Handbook. Realizing the Circular Advantage,* 2020, S. 19

Zirkuläre Inputs *(„Circular Inputs“)* meinen die Verwendung erneuerbarer Energien bzw. biobasierter oder potenziell vollständig recyclebarer Materialien. Sharing-Plattformen („*Sharing Platforms*“) ermöglichen höhere Nutzungsraten durch kollaborative Modelle für Nutzung, Zugang oder Eigentum. Die Produktnutzungsverlängerung („Product Use Extension“) erlaubt die Verlängerung der Nutzung des Produkts durch Reparatur, Wiederaufbereitung, Upgrading und Weiterverkauf. Die Ressourcenrückgewinnung („*Resource Recovery*“) schließlich betrifft die Wiedergewinnung von nutzbaren Ressourcen oder Energie aus Abfall oder Nebenprodukten. Bei konkreten Kreislaufwirtschaftsprojekten lassen sich diese Geschäftsmodelle auch kombinieren – mehr noch, solche Projekte zeigen dann die positivste Wirkung, wenn es gelingt, mehrere dieser Businessmodelle effektiv zusammenzuführen.

Spinnen wir die Matratzen-Grundidee weiter: Was für Hotels richtig ist, erscheint für private Haushalte ebenso wichtig. Damit aber Kreislaufangebote von Start-ups ein Hit werden, braucht es uns als Multiplikator:innen, die nicht nur fürs eigene Zuhause und die eigenen Nächte im Hotel, sondern in allen Bereichen, in denen wir bestimmen und mitbestimmen, für möglichst lückenlose Kreislaufwirtschaft für Matratzen eintreten. Wenn wir uns selbst eine hochwertige (aber durchaus erschwingliche) Matratze leisten, auf der wir wesentlich besser schlafen, werden wir die für solche außergewöhnliche Qualität verwendeten Ressourcen besonders schätzen und die Matratze besser pflegen, da wir sie möglichst lange verwenden wollen – ja und vielleicht sogar eine Beziehung zu ihr entwickeln.

Was für Matratzen gilt, macht vermutlich auch für die meisten anderen Güter, die wir nutzen, Sinn. Wenn wir uns all die Objekte vor Augen führen, die uns selbst gehören, könnten wir bei jedem dieser Güter darüber nachdenken, ob sie bereits kreislauffähig sind oder wie sie es werden könnten. Wenn wir darüber hinaus alle anderen Objekte, denen wir im Alltag laufend begegnen, Revue passieren lassen, werden dies hauptsächlich Güter sein, mit deren Kreislauffähigkeit es nicht weit her ist. Und wir werden schnell begreifen, dass sich die Eignung von Objekten für hochwertige Kreislaufwirtschaft zum Großteil – man sagt zu etwa achtzig Prozent – bereits im frühesten Stadium, nämlich der Designphase, entscheidet.

Wir müssen daher in Zukunft sicherstellen, dass so viele Güter wie möglich Teil hochwertiger Kreislaufwirtschaft werden: „Lineare Wirtschaftsmodelle – von der Wiege zur Deponie – werden von gestalteten, geschlossenen Kreisläufen abgelöst. Abfälle gibt es diesem Konzept nach nicht mehr. Für natürliche Materialien werden natürliche Kreisläufe geschaffen – zum

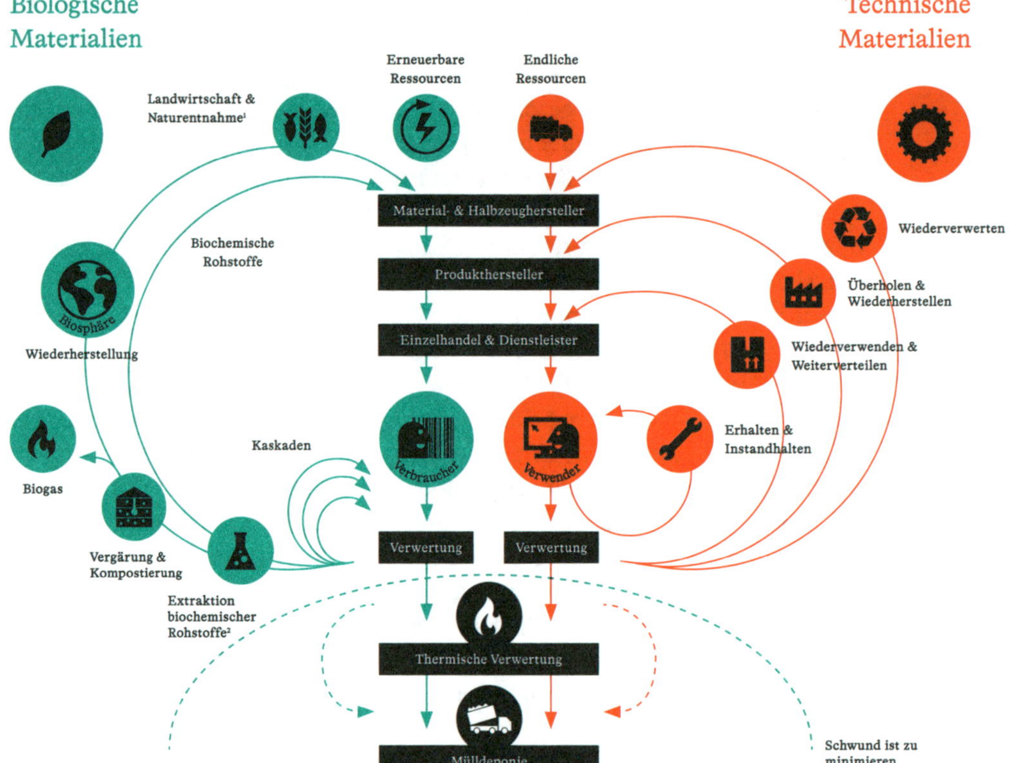

1 Fischerei, Jagd 2 sowohl aus Ernte- als auch Verbraucher-Abfällen.

Ellen MacArthur Foundation, Adaptierung aus dem Cradle to Cradle Design Protocol von Braungart & McDonough

Beispiel mit kompostierbarer Verpackung. Technische Produkte und Komponenten werden in technischen Kreisläufen geführt – etwa beim Smartphone. Externe Auswirkungen – wie Emissionen – werden über den gesamten Lebenszyklus berücksichtigt."

36 Institute of Design Research Vienna, *Qualitätsstandards für Circular Design,* 2021, S. 6

Besonders verdienstvoll für das Verständnis und die Verbreitung der Kreislaufwirtschaft ist das Engagement der britischen Ellen MacArthur Foundation. Ihr ist auch das hier abgebildete Butterfly Diagramm zu verdanken, das veranschaulicht, wie durch Kreisläufe Werterhalt auf hohem Niveau erreicht werden kann.

„Das Diagramm zeigt zwei Kreisläufe, die ein wenig an Schmetterlingsflügel erinnern. Links ist der Kreislauf biologischer Nährstoffe zu sehen, die als Verbrauchsgüter während der Nutzung aufgebraucht werden, z. B. Reinigungs- oder Schmiermittel. Haben sie ihren Zweck erfüllt, gelangen sie über Boden, Wasser oder Luft zurück in die Biosphäre und sollten dort im Idealfall als gesunde Nährstoffe bzw. Ressourcen dienen. Die Unbedenklichkeit für Natur und Menschen ist dafür zentral. Rechts abgebildet ist der Metabolismus technischer Nährstoffe bzw. Servicegüter. Das sind [...] Güter, die [...] bei ihrem Einsatz nicht aufgebraucht (werden), z.B. Autos, Textilien, Möbel oder Gebäude. Diese Güter sollten so gestaltet sein, dass Ressourcen möglichst sparsam eingesetzt, lange genutzt und am Lebensende wieder in den Kreislauf zurückgeführt werden. Die Nutzungsdauer kann durch eine flexible Gestaltung, Services für Wartung oder Reparatur verlängert werden. Durch gemeinschaftliche Nutzung, direkte Wiederverwendung und Aufbereitung gebrauchter Güter können Rohstoffe gespart werden. Die Sanierung bestehender Gebäude trägt wesentlich zur Abfallvermeidung und Ressourcenschonung bei. Je kleiner der Kreis/die Schleife (=loop), desto kleiner der benötigte Ressourcen- und Energieaufwand für die erneute Nutzung, und desto höher der bewahrte Wert eines Produkts."

37 Die Erläuterung des Diagramms stammt von der Forschungsgruppe ECODESIGN der TU Wien. Siehe: http://www.ecodesign.at/fileadmin/t/ecodesign/Abbau/Modul_1_Einfuehrung_Kreislaufwirtschaft.pdf

Für die Frage, wie weit wir mit der Kreislaufwirtschaft bereits sind, ist die *Zirkularitätsrate (circularity rate,* genauer: *circular material use rate – CMUR)* ein guter Gradmesser. Sie gibt den Beitrag von Sekundärrohstoffen (Rezyklaten) zum gesamten Rohstoffbedarf an und ist, anders als man wohl vermuten würde, global im Jahr 2023 gefallen. Sie beträgt nur mehr 7,2 Prozent, nachdem der Wert 2018 noch 9,1 Prozent war.

38 Vgl. https://circularity-gap.world/2023

In der EU lag die Zirkularitätsrate 2021 laut Europäischer Umweltagentur bei knapp 12 Prozent, in Österreich knapp über dem EU-Durchschnitt. Die EU-Kommission strebt an, die CMUR in der EU bis 2030 zu verdoppeln.

Wie ein Vergleich der Zirkularitätsraten von 2021 (jeweils gegenüber 2010) zeigt, gibt es zwischen den EU-Ländern erhebliche Unterschiede.

39 Vgl. https://www.eea.europa.eu/en/analysis/indicators/circular-material-use-rate-in-europe

Spitzenreiter unter den EU-Staaten sind die Niederlande mit knapp 34 Prozent und einem weiterhin sehr ambitionierten Zirkularitätsfahrplan für die kommenden Jahrzehnte, während Rumänien mit nur 1,4 Prozent Schlusslicht ist. Laut Europäischer Umweltagentur spiegelt dies erhebliche strukturelle Unterschiede in den Recyclingkapazitäten der Länder und in der Höhe ihres Materialverbrauchs wider. Der Materialverbrauch pro Kopf ist in den Niederlanden unterdurchschnittlich, denn die Niederlande importieren eine große Menge an Waren, die einer geringfügigen Verarbeitung unterzogen und anschließend wieder exportiert werden. Der geringere materielle Fußabdruck pro Kopf ist vor allem auf einen geringeren Mineralstoffverbrauch zurückzuführen; ein Grund dafür ist, dass die Niederlande ein relativ kleines und sehr dicht besiedeltes Land sind, sodass für den Bau der notwendigen Infrastruktur, z. B. Straßenbau, relativ wenig Material pro Kopf benötigt wird. Und schließlich ist die Recyclingquote in den Niederlanden deutlich höher als in anderen EU-Ländern.

Die Zirkularitätsraten der meisten EU-Länder (20 von 27) sind seit 2010 gestiegen. Die größten absoluten CMUR-Zuwächse (zwischen 6 und 8,5 Prozentpunkten) wurden in den Niederlanden, Belgien, Italien, Estland, Tschechien und Malta verzeichnet. Einige Länder hatten beeindruckende relative Steigerungen ihrer CMUR, wobei Lettland, Kroatien, Bulgarien, Tschechien und Malta ihre CMUR zwischen 2010 und 2021 mehr als verdoppeln konnten. Deutliche Rückgänge der CMUR waren hingegen in Finnland, Luxemburg und Rumänien zu verzeichnen.

In einer Weltwirtschaft, die noch immer zu über 92 Prozent linear funktioniert, gibt es also enorm viel Luft nach oben. Je mehr Zirkularität, umso besser für das Klima. Ohne eine baldige Verdoppelung der Kreislaufwirtschaft werden die Pariser Klimaziele nicht erreichbar sein. Dringender Handlungsbedarf besteht aber auch deshalb, weil die für die Dekarbonisierung und Klimaneutralität erforderliche Große Transformation von Wirtschaft und Gesellschaft paradoxerweise einen zusätzlichen Schub an Ressourcenextraktion, Emissionen und Abfall zu generieren droht, der die Erreichung der Klimaneutralität erst einmal erschwert. Anschaulichstes Beispiel sind die neuen Elektroautos, die Fahrzeuge mit Verbrennungsmotor ersetzen, weil die völlig andere Bauweise von Elektrofahrzeugen die Wiederverwendung von Materialien von Fahrzeugen mit Verbrennungsmotor nur in beschränktem Umfang erlaubt.

Der ambitionierte Ausbau der Kreislaufwirtschaft ist also in mehrfacher Hinsicht bedeutsam: Er verringert den erheblichen zusätzlichen Ressourcenbedarf der anstehenden Großen Transformation und die daraus resultierenden Emissionen. Er reduziert zugleich die quantitativ ebenfalls beachtlichen ohnehin anfallenden – also nicht unmittelbar aus der Großen Transformation resultierenden – Emissionen. Und er trägt durch den entsprechenden Verzicht auf neue Primärrohstoffe maßgeblich zum Schutz von Ökosystemen und Artenvielfalt bei. Die Kreislaufwirtschaft zeigt damit auch den engen Zusammenhang zwischen Klimaschutz einerseits und Ökosystemqualität und Schutz der Biodiversität andererseits auf. Denn sie orientiert sich in scharfem Kontrast zur linearen Wirtschaft an der Natur, die bekanntlich im Kreislauf funktioniert und keinen Abfall kennt.

Ist die Kreislaufwirtschaft also das wirtschaftliche Geschäftsmodell der Zukunft? Liegt künftiger Wohlstand somit in einer null Abfall *(zero*

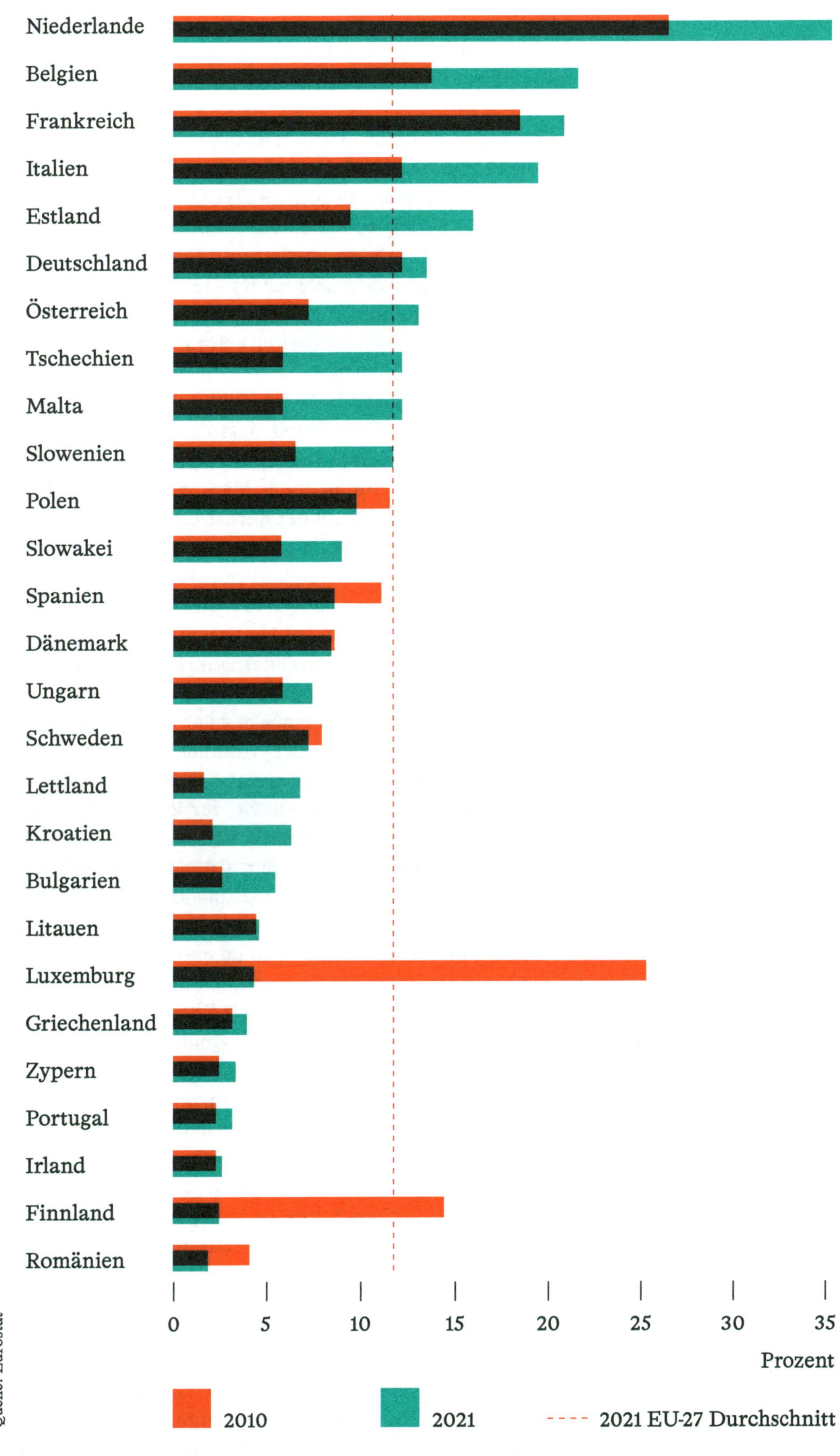

Quelle: Eurostat

waste) produzierenden Kreislaufwirtschaft und -gesellschaft? Ist Circular die neue Zauberformel für gesellschaftliche Verantwortung und Wirtschaftswachstum im 21. Jahrhundert?

Wenn wir Klimaschutz/Dekarbonisierung, Biodiversität und Ökosystemqualität von vorneherein mit der sorgfältigen, aber zügigen Nutzung aller Kreislaufpotenziale zusammendenken – im Folgenden *„Climate & Circular"* genannt –, können wir den Weg für größere soziale Zufriedenheit und dauerhafte wirtschaftliche Dynamik ebnen. Wenn mit Erneuerbaren Energien produziert wird und kein Abfall anfällt, können Unternehmen im Kreislauf immer wieder „neue" bzw. erneuerte Produkte anbieten und damit ohne zusätzliche Ressourcenextraktion die für Wirtschaftswachstum erforderliche Dynamik aufrechterhalten.

Das soll aber nicht als Freibrief für Überproduktion in Kreisläufen verstanden werden, denn nachhaltige Produktion muss neben den Emissionen auch andere Aspekte wie den Wasserverbrauch berücksichtigen. Daher sind wir generell gut beraten, die Gewinnlogik des Marktes „Was lässt sich verkaufen?" durch die Gemeinwohl-Logik mit der Kernfrage „Was wird zum Leben gebraucht?" zu ersetzen. Dies sollte auch und gerade für die Kreislaufwirtschaft gelten – die ökosoziale Marktwirtschaft mit Gemeinwohl-Logik zu durchdringen, ist ein zentraler Aspekt von Klimaresonanz! Das bedeutet selbstverständlich nicht, dass Unternehmen keinen Gewinn mehr machen dürfen, sondern dass sich die Bereitstellung von Gütern und Dienstleistungen daran orientiert, was die Menschen zum gelingenden Leben brauchen, und eben nicht an kurzsichtiger Profitgier, den Menschen möglichst viele qualitativ minderwertige und entsprechend kurzlebige oder eigentlich gar nicht benötigte Produkte anzudrehen bzw. überflüssige Dienstleistungen einzureden.

Eine Wirtschaft, die Kreislaufansätzen wie der Reparatur, Wartung und Wiederaufbereitung höheren Stellenwert verschafft, wirkt sich auch positiv auf die Beschäftigung aus, indem sie sinnstiftende Arbeitsplätze schafft, und eröffnet überdies neue Spielräume für soziale Innovation. Eine inklusive und Diversität schätzende Zivilisation, die mit erneuerbarer Energie produziert, allumfassend in Kreisläufen funktioniert und keinen Abfall erzeugt, fördert die Biodiversität, schont die Ressourcen unseres Planeten und ermöglicht zugleich in klimaneutraler Weise technologische Weiterentwicklung, gestalterische Kreativität und künstlerische Qualität sowie gesellschaftspolitische Erneuerung.

Wie beim Klimaschutz braucht es alle Hebel, um unsere Wirtschaft und Gesellschaft mit Kreislaufkultur zu durchfluten. Gesetzliche Regelungen, Standards und Vereinbarungen in den einzelnen Sektoren sind wichtig, reichen jedoch nicht. Wir benötigen viele bunte (wiederverwendete) Stoffstücke verschiedenster Herkunft, die – nicht von Konsumwahn getrieben, sondern von der Imagination gelingenden Lebens inspiriert – zusammen einen Fleckerlteppich farbenfroher *Circular Culture* ergeben und damit auf Diversität gründende *Kultur* zum Ausdruck bringen. Der rote Faden dieser Kreislaufkultur ist radikales, von der Gemeinwohl-Logik geprägtes *Kreislaufbewusstsein* in der Gesellschaft und in der Wirtschaft, also ein starkes *Circular Mindset,* das aus Menschen *Circular Citizens* und aus Unternehmen *Circular Companies* macht; ein Mindset, das eine Fülle von Kreislaufrevolutionen auslöst, die sich zusammen mit den systemischen Weichenstellungen zu einer ressourcenleichten und emissionsfreien Lebens- und Wirtschaftskultur verdichten.

Das klingt alles so logisch. Aber warum fällt dann in der Praxis die Verwirklichung der Kreislaufwirtschaft so schwer? Wer hat den Stein der Weisen, wie wir binnen weniger Jahre umfassend zirkulär werden können?

Eine wesentliche Erklärung für die viel zu geringen Zirkularitätsraten ist, dass Produkte in der Vergangenheit meist nicht zirkulär konzipiert wurden und in der Regel aus unzähligen Materialien bestehen, die sich nicht sortenrein trennen lassen und keine gleichwertige Wiederverwendung erlauben. „Je kleinteiliger Stoffe in Produkte, Infrastrukturen und Anlagen eingegangen sind, desto (energie-)aufwendiger müssen sie zurückgewonnen werden und liegen dann zumeist verunreinigt vor", stellt der deutsche Umweltökonom Uwe Schneidewind fest.

40 Vgl. Schneidewind 2019, S. 209f

„Gute Kreislaufwirtschaft beginnt daher schon beim Produktdesign [...] Weiterhin haben die Zyklen, die Stoffe in Kreisläufe verbringen, eine sehr unterschiedliche Dauer [...] Für jeden dieser Stoffe und Zyklen bedarf es geeigneter Kreislaufansätze. Das Design dieser Produkte bestimmt die Kreislauffähigkeit genauso wie die Lebensdauer (Bauteile und Produkt), die Reparaturfähigkeit, die Zerlegbarkeit, die Wieder- und Weiterverwendung wie auch das Teilen, Tauschen, Mieten etc. Alle diese Faktoren bedingen jeweils ein anderes Design des Produktes. [...] Die Vielfalt dieser Herausforderungen erfordert daher eine differenzierte Kreislaufstrategie."

Für den Übergang zur Kreislaufwirtschaft ist daher nicht nur ein Gesinnungswechsel notwendig, sondern auch ein *Systemwandel,* der eine konsequente Umstellung von linearen Prozessen hin zu kreislauffähigen Produkten und Produkt-Service-Systemen verlangt. „Da die Kreislaufwirtschaft aus vernetzten Teilsystemen und einer Vielzahl von Akteur*innen mit unterschiedlichen Expertisen besteht, reicht es daher nicht, nur an einzelnen Schrauben im aktuellen System zu drehen. Die Transformation in eine nachhaltige, zirkuläre Wirtschaft kann nur mit einem akkordierten systemischen Ansatz angegangen werden. Lösungen dafür liegen bereits vor, und diese kommen vor allem aus den Bereichen Forschung, Technologie und Innovation."

41 Siehe die Medienmitteilung des Rates für Forschung und Technologieentwicklung vom 18.1.2022 betreffend die Bedeutung der Kreislaufwirtschaft im Rahmen der ökologischen Transformation, https://www.ots.at/presseaussendung/OTS_20220118_OTS0061/rfte-betont-bedeutung-der-kreislaufwirtschaft-im-rahmen-der-oekologischen-transformation

So richtig die Betonung der Notwendigkeit eines systemischen Ansatzes ist und so sehr wir Lösungen aus den Bereichen Forschung, Technologie und Innovation brauchen, so wichtig ist es zugleich, Kreislaufdenken in der breiten Bevölkerung zu verankern – und dafür exzellente Gestaltung, insbesondere leicht verständliches Kommunikationsdesign, einzusetzen. Denn wir müssen überhaupt erst lernen, in Kreisläufen zu denken. Die Kreislaufwende – der *Circular Turn* – bedarf daher einer Vielzahl ineinandergreifender Aktivitäten in Wirtschaft und Gesellschaft: des systemischen Ansatzes, aber auch großer, mittlerer und kleiner Kreislaufrevolutionen auf allen Ebenen, die sich zu einer genuinen Kreislaufkultur verdichten.

42 Vgl. Thun-Hohenstein, Christoph: *Kreislaufkultur als Herzstück humanistischer Erneuerung,* in: Austria Kultur International. Jahrbuch der Österreichischen Auslandskultur *2021,* 2022, S. 21–37

Um die Potenziale von Kreisläufen und deren Synergien mit Klimaschutz und Dekarbonisierung zu erschließen, gilt es daher die ganze Gesellschaft mit Kreislaufdenken *(Circular Thinking)* zu durchfluten. Zwar fördert ein breites Kreislaufangebot der Wirtschaft die Verankerung einer Kreislaufgesellschaft. Die Wirtschaft wird aber umso schneller und umfassender in Kreisläufen agieren, je größer die Nachfrage und der Druck der Gesellschaft sind. Zugleich geht es – weit über die Wirtschaft hinaus – um die kreislauforientierte Gestaltung gesellschaftlicher Aktivitäten und des Lebens jedes einzelnen Menschen. „Ein Wandel hin zu substanziell zirkulären Praktiken erfordert mehr als eine ökologische Modernisierung der Produktion, der Distribution und des Konsums. Benötigt werden neben veränderten Stoff- und Energieflüssen, Infrastrukturen und Geschäftsmodellen auch neues Wissen und neue Bildungsinhalte, neue Formen der Organisation und Zusammenarbeit, neue Normen und Standards, veränderte Wertvorstellungen u.v.m."

43 Hans Sauer Stiftung, *Wege zu einer Circular Society,* 2020, S. 17

Für die Kreislaufwende braucht es somit mehr als die Einführung der Kreislaufwirtschaft durch systemische Weichenstellungen. *Circular* ist ein zentraler Teil unseres klimamodernen Mindset, sowohl kollektiv als auch individuell. Für eine funktionierende Kreislaufwirtschaft brauchen wir Kreislaufbürger*innen und eine genuine Kreislaufgesellschaft *(Circular Society)*.

Die Kreislaufwirtschaft und ihre Erweiterung durch eine weitestgehend zirkulär agierende Gesellschaft müssen wesentlicher Bestandteil jeder umfassenden Klimaschutzstrategie sein. Da Treibhausgas-Emissionen in direktem Zusammenhang mit der Art und Weise stehen, wie wir Rohstoffe abbauen, produzieren und konsumieren, gilt es über den Tellerrand von Klimaschutzstrategien hinauszuschauen, denn durch die Anwendung zirkulärer Strategien auf Materialien und Emissions-Hotspots können wir den übermäßigen Materialverbrauch und damit die Treibhausgas-Emissionen senken.

44 Vgl. https://www.circularity-gap.world/2023

Kreislaufansätze eröffnen vielfältige und neuartige Spielräume für den oft beschworenen Systemwechsel – ohne den die Große Transformation Träumerei bleibt – im Sinn des Übergangs von einem aktuellen System der Ausbeutung von Natur und Mensch zu einem zukunftsfähigen Wirtschafts- und Gesellschaftssystem, das mit den von der Erde bereitgestellten nachhaltig nutzbaren Ressourcen das Auslangen findet (und nicht, wie im Falle Österreichs und anderer Länder des Globalen Nordens, jährlich die anteilsmäßigen Ressourcen von mehr als drei Erden verbraucht). Gerade weil die Kreislaufthematik – wie auch die Klimafrage – ein äußerst kompliziertes und daher maßgeblich auf Expert*innenwissen angewiesenes Gebiet ist, muss alles unternommen werden, sie aus dem „Spezialist*innen-Eck" herauszuholen und zu einem in der Politik, in den Medien und in der Öffentlichkeit breit diskutierten gesellschaftspolitischen Thema zu machen – wie das in der Klimafrage in den letzten Jahren gelungen ist, ohne die Bedeutung von Expert*innen in irgendeiner Weise zu schmälern, ganz im Gegenteil. Mit anderen Worten: Kreisläufe müssen Stammtisch-Thema werden!

Kreisläufe haben mehrere Vorzüge: Sie bieten sich als pragmatische, nicht-ideologische, aber durchaus effektive *Brücke* zwischen Klimastrategien einerseits und Biodiversitäts- und Ökosystem-Strategien andererseits an. Sie haben zugleich das Potenzial, den dringend erforderlichen Systemwechsel voranzutreiben, ohne sich mit Debatten über – aus heutiger Sicht kaum überbrückbare – Standpunkte zu Fragen wie Kapitalismus und Wachstum bzw. Post-Wachstumsgesellschaft aufhalten zu müssen. Die Notwendigkeit solcher Debatten steht außer Frage, doch brauchen wir zugleich – da Tempo und Skalierung von entscheidender Bedeutung sind – Ansätze, die sich potenziell breiter Zustimmung erfreuen und folglich rasch eingesetzt werden können. Kreisläufe zeichnen sich dadurch aus, dass letztlich niemand, auch keine Wirtschaftslobby, sinnvolle Argumente dagegen vorbringen kann, zumal sie maßgeblich zur Erreichung der Klimaziele beitragen. Und sie haben den wunderbaren Vorzug, dass der Fantasie kaum Grenzen gesetzt sind, denn Kreisläufe sind für alle Lebensbereiche relevant. Für Künstler*innen tut sich hier ein zentrales Betätigungsfeld auf.

Um die Kreislaufpotenziale mit Leben zu erfüllen, brauchen wir möglichst viele Kreislaufrevolutionen auf allen Ebenen und im kongenialen Zusammenwirken von *top-down*-Maßnahmen (gesetzliche Regelungen, Normen und Standards, Förderungen und andere Steuerungsinstrumente) und *bottom-up*-Initiativen. Ausgangspunkt und Grundgerüst sind die sogenannten 7R der Kreislaufwirtschaft, wobei am Anfang immer die Frage des *Refuse* (Kauf/Erzeugung überhaupt hinterfragen) steht.

Die 7R sind: *Reduce* (Ressourceneinsatz verringern); *Re-use* (wiederverwenden); *Repair* (reparieren und warten); *Re-fit* (überholen); *Re-build* (erneuern); *Re-furbish* (aufbereiten, sanieren, upgraden, sog. *Upcycling*); sowie *Re-cycle* (stoffliches Rezyklieren). Zusätzliche Begriffe, die in erweiterten R-Methoden verwendet werden, sind: *Re-think* (neu/anders konzipieren); *Re-manufacture* (wiederaufbereiten, z.B. Bauteile); *Re-purpose* (für anderen Zweck umfunktionieren); sowie *Recover* (Energie rückgewinnen), wobei der Gebrauch der Begriffe nicht einheitlich ist.

Für Zwecke der österreichischen, von der Bundesregierung am 7. Dezember 2022 beschlossenen Kreislaufwirtschaftsstrategie wurde auf Basis niederländischer Quellen eine Kreislauf-Leiter aus 10 Rs erstellt.

45 https://www.bmk.gv.at/themen/klima_umwelt/abfall/Kreislaufwirtschaft/strategie.html

Wie die Abbildung verdeutlicht, nimmt die Zirkularität von unten nach oben zu. Darüber hinaus sind die 10 Rs in drei Gruppen gegliedert, wiederum mit zunehmender Zirkularität: *Wiederverwerten von Materialien* (R10 und R9); *verlängerte Lebensdauer von Produkten, Komponenten und Infrastruktur* (R8 bis R4); sowie *intelligente Nutzung und Herstellung von Produkten und Infrastruktur* (R3 bis R1). Wenn ich ein Produkt erstklassiger Qualität und leichter Reparierbarkeit lange nutze, verzichte ich für diesen Zeitraum auf die Inanspruchnahme eines neuen Produktes. Wenn sich mehrere Menschen die Nutzung eines Produktes teilen, leistet ein Produkt, wofür ansonsten mehrere Produkte nötig wären. Die beste Lösung ist, wenn auf das Produkt überhaupt verzichtet werden kann, weil die Befriedigung der entsprechenden Bedürfnisse auf anderem, ressourcenleichteren (!) Weg möglich ist.

Kreislaufwirtschaft

Zunehmende Zirkularität

Intelligente Nutzung und Herstellung von Produkten und Infrastruktur

1. Refuse — *Überflüssig machen.* Produkte werden überflüssig, der Produktnutzen wird anders erbracht

2. Rethink — *Neu denken und zirkulär designen.* Produkte neu gestalten und intensiver nutzen, z.B. durch Teilen

3. Reduce — *Reduzieren.* Steigerung der Effizienz bei der Produktherstellung oder -nutzung durch geringeren Verbrauch von natürlichen Ressourcen und Materialien

Verlängerte Lebensdauer von Produkten, Komponenten und Infrastruktur

4. Reuse — *Wiederverwendung.* Funktionsfähige Produkte wiederverwenden

5. Repair — *Reparatur.* Produkte warten und durch Reparatur weiternutzen

6. Refurbish — *Verbessern.* Alte Produkte aufbereiten und auf den neuesten Stand bringen

7. Remanufacture — *Wiederaufbereiten.* Teile aus defekten Produkten für neue Produkte nutzen, die dieselben Funktionen erfüllen

8. Repurpose — *Anders weiternutzen.* Teile aus defekten Produkten für neue Produkte nutzen, die andere Funktionen erfüllen

Wiederverwerten von Materialien

9. Recycle — *Recycling.* Aufbereiten von Materialien, um eine hohe Qualität zu erhalten und sie wieder in den Materialkreislauf zurückzuführen

10. Recover — *Thermische Verwertung* mit Eneregierückgewinnung

Quelle: BMK basierend auf Potting et al. (2017)

Worum es hier geht, hat der deutsche Designer Stefan Diez 2021 in zehn wunderbaren Thesen für gutes Design auf den Punkt gebracht (in Medien auch als die „Diezschen Gebote" kommuniziert), die für die angestrebte Kreislaufgesellschaft große Relevanz haben:

46 Vgl. https://www.diezoffice.com/wp-content/uploads/2021/05/MONOPOL-0221_Diez.pdf

1. *Ein gutes Produkt bleibt lange nützlich.* Gestalte es so, dass es sich ändernden Anforderungen anpasst und so länger relevant bleibt.
2. *Ein gutes Produkt ist reparierbar.* Verwende Materialien, bei denen Gebrauchsspuren den Wert nicht mindern. Konstruiere es so, dass Bauteile mit kürzerer Lebenserwartung vom Kunden selbst auswechselt werden können.
3. *Lässt sich das Produkt als System gestalten?* Systembausteine oder Baugruppen können vom Hersteller entsprechend dem technischen Fortschritt kontinuierlich weiterentwickelt und optimiert werden. Ein gutes Produkt lässt sich aktualisieren und bleibt lange auf dem Markt.
4. *Verwende Materialien, die einem Materialkreislauf entstammen oder die nachwachsen.* Die verwendeten Materialien sollen sich bei der Benutzung nicht verflüchtigen oder abreiben und sind generell nicht toxisch. Die verwendeten Materialien müssen sich möglichst selbsterklärend und mit einfachen Mitteln sortenrein voneinander trennen lassen. Eine Rücknahmestation sollte für den letzten Nutzer mit geringem Aufwand erreichbar sein. Nachwachsende Rohstoffe sollen so verarbeitet sein, dass sie kompostierbar bleiben.
5. *Bei der Herstellung, beim Gebrauch und beim Recycling von Produkten soll so wenig Energie wie möglich verbraucht werden.* Betrachte den Energie- und Ressourcenverbrauch über die gesamte Nutzungsdauer hinweg. Bei Produkten des täglichen Bedarfs kann sich ein hoher Aufwand bei der Herstellung durch eine tägliche Einsparung mehr als relativieren. Bedenke auch den Energieaufwand für das Recycling.
6. *Gestalte das Produkt so, dass es sich platzsparend transportieren lässt.* Es lässt sich während der Herstellung, für den Transport zum Kunden, bei einem Umzug, zur Reparatur und fürs Recycling platzsparend verpacken. Die Verpackung schützt das Produkt zuverlässig vor Beschädigung. Die Transportwege sollen generell möglichst kurz sein.
7. *Ein gutes Produkt ist innovativ und faszinierend.* Es darf komplex, aber nicht kompliziert sein und bietet seinem Benutzer einen konkreten Vorteil. Ein Produkt soll durchgehend schlüssig und ehrlich gestaltet sein, für sich sprechen und eine resonante Beziehung zu seinen Benutzern ermöglichen.
8. *Ein gutes Produkt wird von vielen benutzt.* Es lässt sich mieten, teilen und zurückgeben. Könnte das Produkt, oder ein wesentlicher Teil davon, sogar Eigentum des Herstellers bleiben? Eine einfache Wartung und Reparatur sowie eine lange Lebensdauer wären dann ein selbstverständliches Interesse des Herstellers.
9. *Bei der Herstellung, Wartung und beim Recycling werden Menschen respektvoll beschäftigt.* Gute Produkte werden in Ländern gefertigt, die Minderheiten gleichberechtigt behandeln und Meinungsfreiheit garantieren. Die Gesundheit der Beschäftigten wird geschützt. Die Arbeitskräfte werden ihren Fähigkeiten entsprechend beschäftigt und fair bezahlt.

10. *Ein gutes Produkt ist so wenig Produkt wie nötig.* Es besteht aus so wenig Material wie möglich. Überprüfe zudem, ob eine gleiche oder sogar bessere Effektivität über einen (digitalen) Service erreicht werden kann, der das materielle Produkt überflüssig macht.

Die in den letzten Jahren von der Circle Economy Foundation veröffentlichten *Circularity Gap Reports* zeigen den immensen Handlungsbedarf für die Verwirklichung der Kreislaufwirtschaft auf. Sie gehen in ihrer Analyse von den sieben sogenannten societal needs & wants aus: Wohnen (housing), Ernährung (nutrition), Mobilität (mobility), Verbrauchsgüter (consumables), Dienstleistungen (services), Gesundheitswesen (healthcare) und Kommunikation (communication). In jedem dieser sieben Bereiche ist eine Fülle von Kreislaufrevolutionen vorstellbar, die zu einer erheblichen Steigerung der Zirkularitätsrate beitragen können.

Zur besseren Veranschaulichung seien hier vier Schlüsselsektoren für wirkmächtige Änderungen im Sinne der Kreislaufwirtschaft wiedergegeben, die der Circularity Gap Report für die Niederlande – wie erwähnt ein der bei der Zirkularität weltweit führendes Land – anführt:

47 Vgl. https://www.circularity-gap.world/netherlands

- *Fortgeschrittene Baupraktiken:* Der Abriss von Gebäuden wird eingeschränkt oder ganz gestoppt, um sicherzustellen, dass Baumethoden die Renovierung und Wiederverwendung von Materialien in den Vordergrund stellen.
- *Kreislaufbasierte Landwirtschaft und Lebensmittelverteilung:* Eingesetzt werden agrarwirtschaftliche Praktiken, die sich der Wiederverwertung von Abfall sowie der lokalen Produktion und entsprechenden Handelsketten verschreiben, beispielsweise der Einfuhrstopp von Nutztierfutter und der Ausfuhrstopp tierischer Produkte.
- *Umstieg von fossilen Brennstoffen auf erneuerbare Energiequellen:* Der Anteil erneuerbarer Energien am gesamtwirtschaftlichen Energieverbrauch wird erhöht und der Einsatz fossiler Brennstoffe zum Erliegen gebracht.
- *Reparatur, Wiederaufbereitung und hochwertiges Recycling:* Der gegenwärtige Reparatursektor soll in seinem Umfang verdoppelt werden, ebenso das Ausmaß von hochwertigem Recycling sowie der Anteil von recycelten Materialien in Warenimporten.

Diese exemplarisch für die Niederlande angeführten Schlüsselsektoren bringen in aller Klarheit zum Ausdruck, dass die Verwendung Erneuerbarer Energien eine Grundvoraussetzung für nachhaltige Kreislaufwirtschaft ist. Sie bestätigen, dass es in der Kreislaufwirtschaft nicht darum geht, ständig auf Teufel komm raus (im Kreislauf) zu produzieren, sondern dass wahre Kreislaufwirtschaft eine *grundlegende kulturelle Haltung* ist, indem sie auf einer *Philosophie der Demut* vor der Natur und der *Wertschätzung* bereits im Umlauf befindlicher bzw. dauerhaft genutzter Ressourcen beruht; eine Philosophie, die die Qualität und Langlebigkeit von Produkten in den Vordergrund stellt und die lineare Massenkonsumgesellschaft durch eine zukunftsfähige Qualitätsgesellschaft ersetzen will; eine Philosophie, die durch das Motto „von Quantität zu Qualität" oder noch präziser „von (billiger) Quantität zu erschwinglicher Qualität" – „from *Quantity to Affordable Quality* („Q2AQ") charakterisiert werden kann.

Vielleicht kann gerade eine solche Philosophie, die allen Menschen sofort einleuchten dürfte, helfen, über der Komplexität der Kreislaufwirtschaft nicht zu verzweifeln. Genau hier gilt es anzusetzen: Wie können wir den selbst unter Fachleuten verbreiteten Frust über die Komplexität vor allem technischer Kreisläufe überwinden und in Faszination darüber verwandeln, was mit Ressourcen durch kluges Design im Interesse unserer Zivilisation auf diesem Planeten alles möglich ist? Und wie können wir die Menschen mit dieser Faszination anstecken? Denn auch die Klimawissenschaft ist komplex, und dennoch ist es in den letzten Jahren gelungen, sie für die Menschen so verständlich zu machen, dass sie mittlerweile ständiges Gesprächsthema ist.

Für die breite Verankerung einer auf Demut und Wertschätzung gründenden *Kreislaufkultur* spielt Resonanz eine zentrale Rolle. Wie Hartmut Rosa in seiner Arbeit zu zeigen versucht, „verwandeln sich Menschen Dinge an, indem sie sich mit ihnen gleichsam nach zwei Richtungen hin vermischen: Wenn wir ein Moped, einen Computer oder auch einen Pullover vielfach repariert, verändert, gesäubert, manipuliert haben, sind wir beziehungsweise unsere Eigenheiten buchstäblich *in sie eingegangen* – und umgekehrt sind sie als Bezugsobjekte *in uns eingegangen* und haben *uns* verändert. Für den britischen Ethnologen Daniel Miller sind Dinge nichts, was wir einfach nur benutzen, was uns lediglich repräsentiert oder kausal beeinflusst, sondern etwas, das uns buchstäblich *hervorbringt:* Er glaubt zeigen zu können, dass materielle Objekte mindestens ebenso sehr Subjekte hervorbringen wie umgekehrt: ‚Ich behaupte, dass wir in vielerlei Hinsicht ein Produkt der Dinge sind.'"

48 Vgl. Rosa, Resonanz, S. 391f, mit Verweis auf Miller, Daniel: *Stuff,* 2010, S. 10

Wenn wir immer wieder Resonanzerfahrungen mit uns lieb gewordenen Erzeugnissen machen können, werden wir mit diesen Produkten besser umgehen, sie sorgfältig pflegen und länger im Gebrauch halten. Auf solchen Resonanzerfahrungen aufbauend werden wir, wenn dann einmal eine Reparatur nicht mehr möglich ist, auch für das Nachfolgeprodukt bessere Qualität anstreben, um mit diesem ebenfalls in eine Resonanzbeziehung treten zu können. Wir werden, wenn wir das noch gebrauchsfähige geliebte oder zumindest geschätzte Objekt nicht mehr behalten wollen, größtes Interesse daran haben, dass es ein „würdiges" Nachleben hat – ganz abgesehen davon, dass wir in vielen Fällen auch noch Geld dafür bekommen. Ein ermutigendes Beispiel ist der gerade einsetzende, durch digitale Plattformen vorangetriebene Secondhand-Boom in verschiedensten Bereichen, von Smartphones über Möbel und andere Einrichtungsgegenstände bis hin zu Secondhand-Mode – Textilien und Mode sind hier besonders wichtig, weil deren ökologischer Fußabdruck durch die *fast fashion*-Manie der letzten Jahrzehnte enorm gestiegen ist.

Mit dieser im Zentrum der Kreislaufwirtschaft stehenden Philosophie qualitativ hochwertiger, leicht reparierbarer und entsprechend langlebiger Produkte ist auch der Übergang zur Kreislaufgesellschaft ein natürlicher und schlüssiger, sodass wir vom Ziel menschlicher Kreislaufzivilisation *(Circular Civilization)* sprechen können. Denn die Kreislaufwirtschaft kann ihr volles Potenzial nicht ohne die Kreislaufgesellschaft ausspielen und wird umgekehrt durch letztere weltanschaulich bereichert und in ihrer Weiterentwicklung unterstützt. Die Gesellschaft wiederum kann sich durch den zunehmenden Kreislauf-Gleichklang mit der Wirtschaft – von Synergien zur Symbiose! – ganz anders entfalten als unter dem bisher verbreiteten Diktat linearer Wirtschaft. Davon werden auch Jobs und sonstige menschliche Arbeit profitieren, denn der durch die Kreislaufwirtschaft und -gesellschaft vorangetriebene systemische Wandel ist maßgeblich auf Humankapital angewiesen.

Veränderungen in der Arbeitswelt, die von Kreislaufansätzen zu erwarten sind, müssen allerdings mit anderen Entwicklungen zusammengedacht werden, vor allem mit den Auswirkungen der im vorigen Kapitel ausführlich erörterten KI-Revolution. Kreislaufansätze wie insbesondere *Reuse, Repair, Re-manufacture* und *Re-cycle* werden jedenfalls zu erheblichen Veränderungen in der Arbeitswelt führen und können, wenn wir es richtig angehen, im Zusammenwirken mit KI eine Vielzahl sinnstiftender Jobs und sinnstiftender sonstiger Arbeit schaffen. Es versteht sich von selbst, dass für Kreislaufdesign, Kreislaufmode und Kreislaufarchitektur die Arbeit von Design-, Mode- bzw. Architekturschaffenden besonders gefragt ist. Aber denken wir auch an Arbeiten des *sourcing, sorting, testing & supply* von qualitativ hochwertigen Sekundärrohstoffen im Bauwesen und Expertise bei dessen Digitalisierung, an Jobs in der Reparatur bzw. Wiederaufbereitung von Produkten und Investitionsgütern in einer fast alle Sektoren umfassenden Kreislaufwirtschaft oder Jobs in einer völlig neu strukturierten regenerativen Landwirtschaft, die durch gesunde Böden und ganzheitliche Landschaftsfürsorge maßgeblich zur Erreichung von Klimaneutralität und zum Schutz biologischer Vielfalt beiträgt. Dies sind nur einige Beispiele, aber der Fantasie sind wiederum kaum Grenzen gesetzt, denn ebenso wie viele heutige Jobs vor zwanzig Jahren nicht vorstellbar waren, können wir mit unserem aktuellen Wissensstand nicht vorhersagen, was die kommenden Jahre und Jahrzehnte alles an aufregenden sinnstiftenden Arbeitsmöglichkeiten bringen werden.

Der Digitalisierung als Innovationstreiber unseres Zeitalters kann und sollte bei der Durchsetzung von Kreislaufdenken eine wesentliche Rolle zukommen. Künstliche Intelligenz, aber auch Blockchain und andere digitale Werkzeuge und Techniken eignen sich dazu, Kreislaufdenken zu fördern und die Durchsetzung effektiver Kreislaufwirtschaft zu erleichtern. Digitale Technologien können die richtigen Partner zusammenbringen und neuartige Möglichkeiten technischer Umsetzung eröffnen (wie etwa durch 3-D-Druck). Sie unterstützen globale Konzerne ebenso wie mittelständische und kleine Unternehmen darin, ihre Wertschöpfungsketten zirkulär zu organisieren. Sie stellen die Werkzeuge für radikale Transparenz zur Verfügung, um die behauptete Nutzung von Kreisläufen durch Unternehmen und gegenüber Endverbraucher*innen nachzuweisen und damit Tricksereien zu unterbinden. Sie ermöglichen einen weltweiten inhaltlichen Austausch von *Circular Communities* in spezifischen digitalen Foren und erlauben *Circular Crowdsourcing* und die Weiterentwicklung und erneute Verbreitung von *Open-Source*-Kreislauftechnologien. Sie erleichtern die Finanzierung von Kreislaufmodellen durch *Circular Crowdinvesting* und *Circular Crowdfunding* (bei ersterem investieren Anleger*innen in Kreislaufprojekte oder *Circular Start-ups* und erhalten im

Gegenzug die Beteiligung an künftigen Gewinnen bzw. Anteile am Unternehmen; bei letzterem geht es um Geldleistungen zur Unterstützung von Kreislaufinitiativen ohne geldwerte Gegenleistung, also im Sinn einer Spende zur Unterstützung der Entstehung eines Kreislaufprodukts oder -projekts).

Zugleich kann im Sinne des Digitalen Humanismus die Verknüpfung von Klimaschutz/Dekarbonisierung, Biodiversität und Ökosystemqualität mit umfassendem Kreislaufdenken maßgeblich dazu beitragen, eine „Überdigitalisierung" menschlichen Lebens zu verhindern und damit der Verwirklichung von Konzepten des Transhumanismus und des technischen Posthumanismus einen Riegel vorzuschieben.

Die Kombination von *Climate & Circular* führt uns wieder stärker zur Natur zurück, veranlasst uns zu neuer Wertschätzung der Erde und anderer Spezies und stärkt und fördert in uns traditionell-menschliche, insbesondere soziale Qualitäten. Biologische Kreisläufe und Schlüsselansätze technischer Kreisläufe wie Reparieren, Überholen, Aufbereiten, Neu-Aufbauen und Wieder-Nutzen können einen viel bewussteren Umgang mit Erde und Natur schaffen, menschlicher Arbeit neuen Sinn verleihen und die Wertschätzung für Erde und Natur und ihre Ressourcen und Leistungen insgesamt erhöhen.

Für die ökologisch und sozial nachhaltige Zukunft, die wir alle wollen, müssen wir uns aber leidenschaftlich engagieren. Neben der Dekarbonisierung der Industrie, der Mobilität, des Wohnens und weiterer Lebensbereiche sind Kreisläufe der andere große Hebel für eine klimaresonante Zukunft. Die Kunst in ihren verschiedenen Sparten hat außergewöhnliche Möglichkeiten, vielfältige Kreislaufrevolutionen voranzutreiben. Um das Kreislaufthema in den Köpfen und Herzen der Menschen zu verankern, bedarf es prominent sichtbarer Initiativen an den Schnittstellen von Kunst und Kultur, Gesellschaft, Wissenschaft, Verwaltung und Wirtschaft. Die Kunst kann sich einbringen, um übergreifende künstlerische Visionen für künftige Kreislaufzivilisation zur Diskussion zu stellen; kreative Ideen für Klima und Kreisläufe zu generieren, sichtbar zu machen, *open-source* zu stellen, kollektiv zu verbessern und zu skalieren; mit herausragendem Grafik- und Kommunikationsdesign Grundwissen über Kreisläufe und deren Klimarelevanz aufzubereiten (*„Circular Literacy"*); ein Kreislauf-Bürger*innen-Parlament zu organisieren, das unter Mitwirkung von Künstler*innen konkrete Ideen erarbeitet; maßgeschneiderte Kooperationen zwischen Künstler*innen und Unternehmen zu initiieren und zu begleiten – unter Beachtung klarer Spielregeln (kein *„circular-washing"* von Unternehmen als *greenwashing* im Kreislaufbereich) und mit umfassender Transparenz; sowie die Eignung von Kreisläufen als neue *Commons* (Gemeingüter) zu erörtern und diese in Experimenten zu testen.

Dabei muss uns stets bewusst sein, dass Kreislaufkultur nicht die Fortsetzung der fossilen Steigerungsgesellschaft mit anderen Mitteln sein darf. Nur wenn wir Klimaresonanz als stringenten Maßstab für eine emissionsarme und ressourcenleichte Lebenskultur und eine damit harmonierende Wirtschaftskultur zur Grundlage unseres Handelns machen, werden sich uns die Möglichkeiten neuer Lebensqualität durch *lebendige Kreislaufkultur* voll erschließen. Anders als bei technischen Dekarbonisierungsmaßnahmen wie der Umstellung unserer Mobilität von fossilen Brennstoffen auf Erneuerbare Energien – so wichtig diese sind – „schlummern" in *klimaresonanter Kreislaufkultur* bisher ungeahnte Dimensionen *zivilisatorischer Erneuerung.*

Nutzen wir dieses *Empowerment* für kooperatives Handeln! Setzen wir Initiativen, um sämtliche Angebote der Wirtschaft, von Lebensmitteln und ihren Verpackungen bis hin zu komplexen Verbrauchsgütern wie Smartphones, unter Kreislaufgesichtspunkten kritisch zu prüfen und bessere Alternativen zu fordern – oder diese gar selbst mit Gleichgesinnten zu initiieren! So bietet der 3-D-Druck (in FabLabs und anderen Konstellationen) neuerdings atemberaubende Möglichkeiten, hochwertige Güter aus recyceltem Material herzustellen. Wer eine pfiffige Kreislaufidee hat, kann sich im Internet leicht über aktuelle technische Umsetzungsmöglichkeiten kundig machen und dort interessierte Partner aufspüren und im nächstgelegenen FabLab an die Umsetzung gehen.

Kreislaufrevolutionen erfordern eine Vielfalt menschlicher Kontakte und lösen Begegnungen in alle Richtungen aus; sie schaffen dadurch ideale Bedingungen für Resonanzerfahrungen, etwa in Reparaturcafés oder bei der gemeinsamen Betreuung eines Gartens als urbanes Gemeingut. Kreislaufrevolutionen können sogar neue demokratische Qualitäten generieren: Denken wir zum Beispiel an eine 5000-Seelen-Gemeinde, die sich in basisdemokratischen Prozessen ehrgeizige Kreislaufziele setzt und diese mit breiter aktiver Unterstützung der Einwohner*innen verwirklicht.

Je stärker wir uns in allen unseren Rollen für klimaresonante Kreislaufkultur einsetzen, umso besser kann diese von den Rändern zur Mitte der Gesellschaft und Wirtschaft vordringen und zur regenerativen Neubelebung unserer Zivilisation beitragen.

Städte als offene Resonanzräume

Städte spielen bei der Großen Transformation von Wirtschaft und Gesellschaft eine entscheidende Rolle. Sie beherbergen bereits heute die Hälfte der Menschheit – bald werden es sechzig Prozent sein – und sind zunehmend Hauptbetroffene des Klimawandels (bekanntes Beispiel: urbane Hitzeinseln). Dass Städte nicht nur etwas tun könnten, sondern müssen, zeigt sich daran, dass sie etwa drei Viertel der globalen CO2-Emissionen verursachen und für 78 Prozent des weltweiten Energieverbrauchs verantwortlich sind. Erfolg oder Scheitern in der Klimakrise wird sich daher maßgeblich in den Städten entscheiden.

Städte im Globalen Norden weisen gerne darauf hin, dass ihre Pro-Kopf-Emissionen geringer sind als die Pro-Kopf-Emissionen im ländlichen Raum. Begründet wird dies insbesondere mit größerer Wohndichte aufgrund kleinerer Wohnungen, weniger Autos dank besserem Öffentlichem Verkehr, generell höherem Umweltbewusstsein und damit verbundenen attraktiven Angeboten wie Vegan-Restaurants und Second-Hand-Modegeschäften u.v.m. Rezenten Untersuchungen zufolge ist das klimafreundlichere Leben in der Stadt aber eher ein Mythos:

49 Vgl. https://www.quarks.de/umwelt/klimawandel/in-der-stadt-leben-ist-das-wirklich-besser-fuers-klima/

Inkludiert man nicht nur Wohnfläche und Autokilometer, sondern auch die Anzahl von Haushaltsgeräten, Urlaubsreisen, Restaurant-Besuchen sowie den Konsum von Fleisch, Bioprodukten und Kleidung, so lassen sich kaum Unterschiede bei den Pro-Kopf-Emissionen von Stadt- und Landbewohner:innen feststellen. Das ist insofern nicht verwunderlich, als Menschen in Großstädten ein viel dichteres – und intensiv genutztes – Freizeitangebot haben (Theater, Konzertsäle, Kinos, Restaurants, Schwimmbäder etc., die alle viel Energie benötigen). So ist sogar die Höhe des Fleischkonsums keine Stadt-Land-Frage, sondern eine des Geschlechts; hier wie dort essen Männer deutlich mehr davon. Das Resümee: Entscheidend ist nicht Stadt oder Land, sondern arm oder reich; und in Großstädten leben mehr wohlhabende Menschen.

Letztlich ist die Diskussion, ob die Pro-Kopf-Emissionen in Städten oder in ländlichen Räumen des Globalen Nordens höher sind, wenig zielführend, weil sie im Vergleich zu den Pro-Kopf-Emissionen im Globalen Süden immer noch viel zu hoch sind und zur Erreichung der Ziele des Pariser Klima-Übereinkommens sowohl in Städten wie auf dem Land deutlich reduziert werden müssen. Ähnlich müßig erscheint die Frage, ob die Voraussetzungen für Resonanz in Städten oder auf dem Land besser sind, denn beide müssen sich Klimaresonanz zunutze machen, so gut es nur geht. Städte sind hier allerdings mit der größeren Herausforderung konfrontiert: So sind Großstädte des Globalen Nordens Spitzenreiter der insbesondere durch Zeitdruck, unerbittlichen Wettbewerb und Überlebensangst charakterisierten fossilen Steigerungsgesellschaft, die es mit Klimaresonanz zu überwinden gilt. Umgekehrt verfügen Städte aufgrund ihrer Dichte, Diversität und Kreativität über außerordentliche, ja fast exponentielle Resonanzpotenziale. Mit anderen Worten: In Städten kommt die Resonanz angesichts der dominanten Steigerungsgesellschaft langsamer in Schwung; wenn sie aber eine gewisse Flughöhe erreicht hat, ist sie kaum zu stoppen. Städte sind daher ein zentraler Hebel für die Bewältigung der Klima- und ökosozialen Gesamtkrise.

Städte haben somit eine mehrfache Verantwortung: Sie müssen ehrgeizige Klimafahrpläne festlegen und diese entschlossen umsetzen; sie müssen die Lebensqualität der ihnen anvertrauten Menschen durch kluge ökosoziale Weichenstellungen einschließlich umsichtiger Klimaanpassungsmaßnahmen schützen; und sie sind als Ideenzentren aufgerufen, sich mit dem Klimawandel in all seinen Dimensionen auseinanderzusetzen und in vorbildlicher Weise die Voraussetzungen für eine wünschenswerte klimamoderne Zukunft zu schaffen.

Die Bedeutung von Städten als Ideenzentren kann gar nicht hoch genug veranschlagt werden. Wie Menschen soziale Wesen sind, so sind Städte soziale Systeme. Wie Menschen sich durch Kooperationsfähigkeit auszeichnen, eignen sich Städte als vielschichtige Kooperationsräume. Städte spornen unaufhörlich zu Kreativität und Innovation an und sind zugleich ideale Biotope und agile Plattformen, um Akteur*innen *top-down* und *bottom-up* zusammenzubringen und die Aktivitäten verschiedener gesellschaftlicher Kräfte wie Politik/Verwaltung, Wissenschaft, Wirtschaft, Kultur und Zivilgesellschaft lösungsorientiert zu bündeln. Dies gilt für neue ebenso wie historisch gewachsene Städte, die es gleichsam gewohnt sind, ihr kulturelles Erbe im Dialog und Wettbewerb mit zeitgenössischen Impulsen in die Zukunft zu tragen.

Viele Städte leiden mittlerweile unter ihrem Erfolg als Tourismusdestinationen und ergreifen im Interesse ihrer Bewohner*innen Maßnahmen, um den Massentourismus einzuschränken und allgemein die Lebensqualität für die lokale Bevölkerung zu erhöhen. So verlangt Venedig neuerdings von Kurzbesucher*innen eine Eintrittsgebühr. Auch Amsterdam hat genug vom „Overtourism“ und startete unter dem Slogan „Stay away“ eine Online-Kampagne, die sich an Sauf- und Drogentourist*innen richtet; vorgesehen sind ferner eine Begrenzung touristischer Übernachtungen, eine Obergrenze für Airbnb-Vermietungen, ein Alkoholverbot in der Innenstadt und ein Verbot, im Rotlichtviertel zu kiffen. In Paris wiederum hat Bürgermeisterin Anne Hidalgo für die Jahre 2024 bis 2030 einen der weltweit ambitioniertesten Klimapläne vorgelegt, wobei sie mit den vorgeschlagenen Maßnahmen für mehr Grün und zur achtzigprozentigen Verringerung des CO2-Fußabdrucks insbesondere der Automobillobby und fossilen Energien den Kampf angesagt hat.

50 Vgl. https://www.faz.net/aktuell/gesellschaft/wie-paris-gruener-wird-buergermeisterin-hidalgo-baut-die-stadt-um-19334438.html

Sie will bis zu 70.000 Parkplätze auflösen und in zusätzliche Fahrradwege, Grünflächen und Spielplätze verwandeln. Diese Beispiele zeigen, wie Städte klimaresonanter werden, indem sie sich gegen Auswüchse der Steigerungsgesellschaft im Tourismus zur Wehr setzen, und zunehmend auch die Anliegen noch nicht geborener Generationen miteinbeziehen.

Städte entwickeln sich also in einem merkwürdigen Spannungsverhältnis: Einerseits verkörpern sie noch immer die fossile Steigerungsgesellschaft mit ihren vielen negativen Seiten, andererseits stellen sie wunderbare Resonanzangebote wie Ausstellungen, Konzerte, Theateraufführungen oder Sportveranstaltungen bereit, die nicht selten ebenfalls Ausdruck dieser Steigerungsgesellschaft sind (wie viele Opernhäuser, wie viele Museen braucht eine europäische Großstadt?). Durch diese Ambivalenz bleiben Städte weit hinter ihren Resonanzpotenzialen zurück. Ein Beispiel: Wenn es in einer

Stadt mehrere Kunstmuseen gibt, sehen sich diese zumeist im harten Wettbewerb miteinander und buhlen mit Blockbuster-Ausstellungen der Klassischen Moderne und zeitgenössischen bildenden Kunst um exakt dieselben Besucher*innen-Zielgruppen (Einheimische ebenso wie Tourist*innen), anstatt in Absprache mit der sie finanzierenden Öffentlichen Hand und vor dem Hintergrund ihrer jeweiligen Sammlungsstärken und inhaltlichen Mandate komplementär zu programmieren, zu ihnen passende neue Themenführerschaften zu entwickeln und vor allem mit zukunftsweisenden partizipativen Formaten neues Publikum anzusprechen. Stellen Sie sich vor, welche Resonanzkraft Museen entfalten könnten, würden sie sich dem Druck des rastlosen Weiter, Schneller, Höher entziehen!

In unserer *Make-or-Break*-Dekade stehen Städte am Scheideweg: Wollen sie weiter auf der Autobahn der Steigerungsgesellschaft unterwegs sein (oder bilden sie sich ein, es tun zu müssen), oder verabschieden sie sich vom Diktat unaufhörlicher Beschleunigung und versuchen einen anderen Weg zu gehen?

Städte sind nicht nur empfänglich für die besten Ideen, sie können diese auch selbst generieren. Vielfalt ist ihre große Stärke. Ähnlich wie in Ökosystemen die Bereiche, die an andere Ökosysteme grenzen, wie Waldränder, Savannen, Korallenriffe, am artenreichsten sind, generiert die Überlagerung oder Überschneidung verschiedener Sphären in der Stadt herausragende Innovation. Städte verfügen ferner über die Mechanismen, Ideen in erstaunlich kurzer Zeit weit über die Stadtgrenzen hinaus „salonfähig" und umsetzbar zu machen. Daher sind dem Gestaltungsreichtum klimaresonanter Städte kaum Grenzen gezogen. Wir müssen nur in der Lage sein, ihre Veränderungsenergien zu erkennen und diese fantasievoll und in engem Zusammenwirken mit unseren Mitmenschen anzuwenden. Wenn Städte uns dabei helfen, unsere eigene Stimme in der Welt (neu) zu finden und authentisch mit anderen zu interagieren, entwickeln sie sich zu unschätzbaren Multiplikatoren für gemeinschaftlichen Klimaschutz, für *Collective Climate Action.*

Der Mega-Herausforderung Klimawandel können Städte daher nicht durch Fortschreiben der ökologisch verheerenden und sozial entfremdenden Steigerungslogik der letzten Jahrzehnte begegnen; sie müssen eine große Erneuerung vorantreiben. Versagen die Städte in ihrer *Climate Mission,* so wird der Klimawandel angesichts ihrer Bedeutung außer Rand und Band geraten und die Menschheit in virtuellen Parallelwelten ihr Heil suchen. Gelingt es den Städten jedoch, sich in „entgegenkommende Resonanzräume" (Hartmut Rosa) zu verwandeln, werden sie die Erneuerung menschlicher Zivilisation im Zeitalter Künstlicher Intelligenz anführen.

Was aber bedeutet Resonanz in Bezug auf Städte konkret und wer kann auf welche Weise die Bedingungen dafür verbessern?

Die Antwort lautet: wir alle!

Wenn Menschen in der Stadt eine neue Qualität ihrer Begegnungen mit anderen Menschen anstreben, kann Resonanz entstehen. Wenn sich Menschen in der Stadt von großartigen Bauwerken, Kunstobjekten, Konzerten oder Theateraufführungen, von blühenden Bäumen, gut schmeckenden Speisen oder einem besinnlichen Fest zuinnerst angesprochen und berührt fühlen und darauf emotional reagieren, kann Resonanz entstehen. Wenn

Menschen die Stadt als ihr – permanentes oder vorübergehendes – Zuhause empfinden und diesem Gefühl Ausdruck verleihen, kann Resonanz entstehen. Die Resonanzqualitäten einer Stadt sind also durch uns alle beeinflussbar.

Je ökosozial nachhaltiger eine Stadt sein will, umso mehr ist sie auf Resonanz angewiesen.

51 Zur Vision Wiens als nachhaltige Stadt siehe Madreiter, Thomas (mit Horak, Clemens; Peters, Nils): *Die nachhaltige Stadt: Städte als Laboratorien des Wandels,* 2021

Je mehr Resonanz eine Stadt den Menschen bieten kann, umso nachhaltiger wird sie sich entwickeln. Eine Stadt, die sich als nachhaltig begreift, „denkt" und agiert ganzheitlich. Dies erlegt ihr entsprechende Verantwortung auf. Was bei der Wahrnehmung dieser Verantwortung hilft, ist *Resonanzvertrauen* – sowohl seitens der Stadt in die Menschen als auch seitens der Menschen in Mitmenschen und in die Stadt. Die nachhaltige Stadt ist in ihrem Wesen eine *partizipative Stadt* – und Resonanz ein stimmiger Hebel, die Menschen zu aktiver Teilnahme zu bewegen.

In klimaresonanten Städten werden Angst, Zeitdruck und Konkurrenz durch vielfältigen Beziehungsreichtum ersetzt – Beziehungsreichtum zwischen Menschen, aber auch zwischen Menschen und anderen urbanen Qualitäten wie einem breiten kulturellen Angebot. Resonanzfähigkeit erhöht die Gastfreundlichkeit einer Stadt. Städte, die die Bedingungen für Resonanzerlebnisse verbessern, bieten sowohl ihren Bewohner*innen als auch Besucher*innen höhere Lebensqualität und sind rundum lebenswertere Städte. Demgegenüber müssen verschwenderische *„fast cities"* mit hohen Emissionen und sozialen Verwerfungen ebenso wie *fast fashion* ein Auslaufmodell werden. Klimaresonante Städte agieren in ökologischer Demut, sozial kreativ und mit kollektiver Intelligenz. Zentral ist das Bewusstsein, dass wir Menschen die Stadt durch das laufende Zusammenspiel von Geist und Körper (im Sinn Damásios) in einer qualitätsvollen Weise erfahren können, die sich nicht algorithmisch erfassen und nicht durch digitale Technologien simulieren lässt.

Klimaresonante Städte sehen in Menschen daher nicht individuelle Nutzenmaximierer*innen (nach dem Modell des *homo oeconomicus*), sondern bringen sie als kooperationsfähige (öko-)soziale Wesen „zum Schwingen". Sie stellen das Allgemeinwohl über Individualinteressen; in ihnen stärkt die Entfaltung jedes Einzelnen die Entfaltung der anderen und umgekehrt. Indem sie ihren Bewohner*innen ebenso wie Besucher*innen Resonanzerfahrungen erleichtern, fördern sie Neugier, Kreativität und Empathiefähigkeit, egal ob sich diese in Gesprächen am Arbeitsplatz, beim Kochen, Basteln, Museumsbesuch, Spiel, bei Outdoor-Freizeitaktivitäten oder beim Flanieren manifestieren. Klimaresonante Städte bieten ihren Bewohner*innen und Besucher*innen statt Massenware erschwingliche Qualität, statt abgestumpfter Routine emotional erlebbare Tradition, statt seichter Geschichte lebendige Erinnerung, statt öder Wiederholung spannungsvolle Erneuerung. Dementsprechend sind die Möglichkeiten von Städten, innerhalb der Planetaren Grenzen räumliche, zeitliche und soziale Bedingungen resonanzfördernd zu gestalten, fast unbeschränkt; nichts wird über einen Kamm geschoren, jede Stadt kann und soll mit der ihr eigenen Kreativität ihre besonderen Reize kultivieren. Städte als offene, unverwechselbare Resonanzräume einer Welt im Aufbruch!

Resonanzfähigkeit beginnt in allen Städten bei den wesentlichen gesellschaftlichen Bedürfnissen und Wünschen der Menschen *(societal needs & wants)*, nämlich Wohnen, Ernährung, Mobilität, Verbrauchsgüter, Dienstleistungen, Gesundheitswesen und Kommunikation – lauter Bereiche, die schon für sich genommen essenziell sind, aber in ihren Verknüpfungen geradezu umwerfende Resonanzpotenziale aufweisen, die im Folgenden nur angedeutet werden können. Zugleich gilt es sicherzustellen, dass Resonanz auch den nicht-privilegierten Teilen der Bevölkerung, speziell armutsbetroffenen Menschen, zugänglich wird und bleibt. Daher sind klimaresonante Städte bei gesellschaftlichen Grundbedürfnissen besonders bemüht, Klimaschutz und Kreislaufkultur mit Verteilungsgerechtigkeit in Einklang zu bringen, also möglichst *klimasozial* zu agieren.

Nehmen wir Wohnen – das zentrale Zukunftsthema jeder Stadt, heiß diskutiert und wissenschaftlich eingehend untersucht: „Eine klimagerechte Wohnpolitik verfolgt das Ziel, allen Menschen qualitativ hochwertigen, sozial inklusiven und leistbaren Wohnraum bereitzustellen", stellen die Forscher*innen Katharina Litschauer, Daniel Grabner und Koen Smet fest. „Eine klimagerechte Wohnpolitik folgt dem Grundsatz, dass Wohnen ein Recht und keine Ware ist, und findet Lösungen, die ökologisch und sozial gerecht sind."

52 Siehe Litschauer, Katharina; Grabner, Daniel; Smet, Koen: *Wohnen: Inklusiv, leistbar, emissionsfrei,* in: *Klimasoziale Politik: Eine gerechte und emissionsfreie Gesellschaft gestalten,* 2021, S. 157f

Heute ist jedoch – als typischer Ausdruck der Steigerungsgesellschaft – Wohnen in den meisten Großstädten kaum mehr leistbar, was nicht nur zu erheblichen sozialen Verwerfungen führt, sondern auch die Resonanzmöglichkeiten dieser Städte untergräbt.

Die Muße des Wohnens hat Josef Frank, der große Humanist unter den Architektur- und Designschaffenden der Moderne, in einem „Unrast" betitelten Abschnitt seiner 1931 erschienenen Schrift *Architektur als Symbol* wie folgt beschrieben: „Wir Menschen des Maschinenzeitalters wissen, dass dessen wesentlichster Grundsatz ist, mit den geringsten Mitteln die größte Wirkung sachlich und formal zu erreichen. Was der Zweck eines Hauses ist, kann allerdings in Worten nicht ausgedrückt werden. Es ist nämlich nicht zum Kochen, Essen, Arbeiten und Schlafen da, sondern zum Wohnen. Zwischen den Begriffen Kochen, Essen, Arbeiten, Schlafen und dem des Wohnens liegt das, was wir Architektur nennen. Das Bewußtsein, in einem Zeitalter zu leben, das seine eigene Veränderung dauernd anstrebt [...] hat uns jedes Gefühl behaglicher Ruhe genommen." Während alles Ornament vergangener Zeiten unglaublich beruhigend wirke, übertrage „alles glatte, schnell übersehbare Industrieerzeugnis" auf uns die Hast seiner Herstellung. Wenn wir die Wörter „Maschinenzeitalter" durch „Digitalzeitalter" und „Industrieerzeugnis" durch „digital interface" ersetzen, wird uns erst richtig bewusst, wie groß die Gefahr ist, dass die Muße des Wohnens in den Hintergrund gedrängt wird und verkümmert.

Wohnen ist nicht nur ein Grundbedürfnis des Menschen, sondern kann auch eine erfüllende, resonanzfördernde Aktivität sein. Nichts könnte dies schöner zum Ausdruck bringen, als wenn Menschen auf die Frage, was sie gerade machen, antworten: Wir *wohnen.* Für klimaresonante Städte betrifft leistbares gutes Wohnen aber nicht nur die eigenen Wohnräume und die Wohnanlage, sondern die unmittelbare Umgebung, das Grätzel, ja die ganze Stadt als „verlängertes Wohnzimmer".

Der Begriff des verlängerten Wohnzimmers wird auch gerne im Zusammenhang mit Superblocks verwendet. Das Konzept wurde in den 1990er Jahren in Barcelona erfunden, um für Häuserblöcke durch das Verbot von motorisiertem Durchfahrtsverkehr (bei Verbesserung des Öffentlichen Verkehrs an den Außenkanten) Lärm und Luftverschmutzung zu verringern und – in meiner Diktion – offene Resonanzräume für lebhaften sozialen Austausch der Nachbarschaft zu schaffen, was durch zusätzliche Bäume und Pflanzen gefördert wird. In der Folge wurde das Konzept weiterentwickelt und sieht nunmehr durch Verbindung ganzer Nachbarschaften auch Superinseln vor.

53 Bei der ersten Superinsel gab es allerdings erhebliche Proteste, da die Bevölkerung viel zu spät eingebunden wurde. Siehe https://www.agorakoeln.de/2022/03/superblocks-was-wir-von-barcelona-lernen-koennen/

Die Idee der Superblocks wurde in zahlreichen Städten übernommen und angepasst. In Wien entsteht nach einem Pilotprojekt gerade der erste Superblock – hier „Supergrätzl" genannt.

54 Vgl. https://www.meinbezirk.at/favoriten/c-lokales/baubeginn-fuer-oesterreichs-erstes-supergraetzl_a6335369

Eine klimaresonante Wohnphilosophie der Stadt als verlängertes Wohnzimmer eröffnet zusätzliche Dimensionen, Stadt und urbane Funktionsweisen im Zusammenwirken mit den darin lebenden und davon betroffenen Menschen neu zu denken und zu gestalten. Am Beispiel Wohnen lässt sich illustrieren, wie Klimaresonanz (als Maßstab zukunftsfähiger Lebens- und Wirtschaftskultur) durch ihren Querschnittscharakter Städte darin unterstützen kann, mit Fantasie und „Zukunftselan" aus überholten Modellen urbaner Entwicklung auszubrechen, Pattstellungen zwischen unterschiedlichen Interessen zu überwinden und Zugänge und Strategien zu finden, die ganzheitlich funktionieren und dadurch essenzielle Bereiche stimmig zu verbinden vermögen. So wirft eine klimaresonante Wohnphilosophie der Stadt als verlängertes, gemeinschaftliches Wohnzimmer ein völlig neues Licht auf andere Bereiche wie etwa die Organisation von Mobilität.

„Klimagerechte Mobilität erfordert eine drastische Reduktion des intensiven Individualverkehrsaufkommens der Ober- und Mittelschicht sowie eine Stimulation von klimasozialer, kollektiver beziehungsweise aktiver Mobilität für alle, wovon einkommensschwache Haushalte automatisch profitieren", schreibt der Ethnologe Alexander Brenner.

55 Brenner, Alexander: *Mobilität: Warum eine klimagerechte Umgestaltung sozial gerecht ist,* in: *Klimasoziale Politik: Eine gerechte und emissionsfreie Gesellschaft gestalten,* 2021, S. 170

Klimaresonante Städte rufen zur breiten Debatte auf, wie höhere Aufenthaltsqualität im öffentlichen Raum als gleichsam verlängertes Wohnzimmer besser mit Mobilität verbunden werden kann und wie sich aus dieser Verknüpfung neue Resonanzqualitäten und damit bessere Lebensqualität gewinnen lassen. Wenn Wohnen und Mobilität auch noch mit Ernährung und Gesundheit als weiteren menschlichen Grundbedürfnissen kombiniert werden, sind die Prioritäten sonnenklar: Die gesündesten Mobilitätsformen sind Gehen und

Radfahren, unterstützt durch emissionsfreien öffentlichen Verkehr. Damit Hand in Hand geht das die Wohnqualität erhöhende Ziel einer *Stadt der kurzen Wege,* die es erlaubt, alltägliche Strecken wie den Weg zur Arbeit, zur Schule, zum Supermarkt oder zur Inanspruchnahme ortsgebundener Dienstleistungen ohne Auto in maximal 15 Minuten zurückzulegen, und die damit verstärkt Ort resonanter Begegnungen werden kann (das Konzept der 15-Minuten-Stadt wurde 2016 von Carlo Moreno in Paris entwickelt). Aktive Mobilität, insbesondere Gehen, eröffnet etwa für Erdgeschosszonen neuartige Resonanzpotenziale, die in der Folge ihrerseits aktive Mobilität fördern.

Klimaresonante Städte erarbeiten in partizipativen, von Künstler*innen moderierten Gestaltungsprozessen Ideen, mit welchen neuartigen Angeboten Grätzel und ganze Bezirke aufgewertet werden können: Von *Slow-Food*-Gastronomie zu Kreislauf-Marktkultur, von neu angelegten Obst- und Gemüsegärten, die liebevoll als Gemeingut gepflegt werden, bis zu Stadtlandschaften mit generationenübergreifenden Spielangeboten – der Fantasie sind wiederum kaum Grenzen gesetzt. All dies im Bewusstsein, dass sich Verhaltensänderungen kaum erzwingen lassen, sondern dann erfolgen, wenn sie von einer überzeugenden neuen „Erzählung" getragen und befeuert werden. In unserem Kontext bedeutet dies, dass die Menschen die Vorstellung von Stadt als resonanzförderndes verlängertes Wohnzimmer so attraktiv finden, dass sie ihre Mobilitätsbedürfnisse überdenken und nachhaltige Mobilität schätzen lernen – von Gehkultur und Flanieren als gemeinschaftliches Stadterkundungserlebnis über attraktiv kuratierte Radtouren bis hin zur Kultivierung der Philosophie des verlängerten Wohnzimmers bei der Benützung öffentlicher Verkehrsmittel – und dass sie zugleich ihre Ernährungsgewohnheiten zukunftsfähig weiterentwickeln.

Klimaresonanz kann eine ausgewogen verknüpfte ökosoziale Wohn-, Mobilitäts-, Ernährungs- und Gesundheitskultur schaffen, die ganzheitlich angelegt ist, zugleich absehbare technologische Innovationen, wie etwa künftige selbstfahrende Autos, am Radar hat und sinnvoll miteinbezieht, aber auch bei der Lösung heiß diskutierter Themen helfen kann: So gilt es für den notwendigen Güterverkehr und den unvermeidbaren Individualverkehr auf der Straße, einschließlich des Stadtumfahrungsverkehrs, Lösungen zu finden, die einerseits das Funktionieren der Stadt sicherstellen (auch durch klug gewählte Entlastungsrouten), und andererseits die Stadt der kurzen Wege unterstützen bzw. möglichst wenig beeinträchtigen (beispielsweise durch exakt koordinierte Fahrtenplanung bzw. *Ride Sharing* mithilfe Künstlicher Intelligenz oder durch attraktive Rastangebote für Umfahrungsverkehr, damit Umfahrungsstrecken wirklich in Anspruch genommen werden).

Wiederum vom Wohnen ausgehend, verbinden klimaresonante Städte Ernährung und Gesundheit, indem sie sich stolz als vegetarischer oder gar veganer Feinkostladen zelebrieren – gleichsam die Stadt als „verlängerte Wohnküche", in der pflanzenbasierte Delikatessen von lokalen Chefs zu erschwinglichen Preisen angeboten werden und Märkte sich in Orte des lebhaften Austausches über die neuesten vegetarischen und veganen Hit-Rezepte verwandeln (Fisch und das besonders klimaschädliche Fleisch werden nicht zu Schleuderpreisen für den täglichen Massenkonsum angeboten, sondern in hoher, aber stets erschwinglicher Qualität für die besten Gelegenheiten). Weitere Möglichkeiten, Wohnen mit Gesundheit zu verknüpfen, bieten teamintelligent organisierte Mehrfachnutzungen bestehender Infrastrukturen, beispielsweise Turnsäle von Schulen als Orte gemeinsamen Sports von Grätzelbewohner*innen außerhalb der Schulzeiten. Dies geschieht zwar bereits, doch besteht viel Luft nach oben: Einerseits könnten derartige Mehrfachnutzungen mit KI-Unterstützung noch besser organisiert werden, andererseits könnten ihre Resonanzpotenziale viel aktiver gefördert werden, etwa durch moderierte Begegnungen, die den Menschen ein besseres Kennenlernen erlauben und sie zu Folgetreffen auch für andere gemeinschaftliche Aktivitäten ermutigen.

Die Verknüpfung von Wohnen mit Verbrauchsgütern, einem weiteren Grundbedürfnis des Menschen, führt uns in die zirkuläre Stadt *(Circular City)*, die solche Güter als Teil umfassender Kreislaufkultur behandelt und sie möglichst lange im Gebrauch hat, was den ökologischen Fußabdruck niedrig hält und die Ressourcen unseres Planeten schont. Weitverbreitete Reparaturkultur schafft vielschichtige Resonanzspielräume, attraktiv gestaltete Tauschmärkte können regelrechte *Second-, Third- & Fourth-Hand*-Manien auslösen, mannigfaltige Kreislaufrevolutionen auf verschiedensten Ebenen bringen das Ziel von null Abfall *(zero waste)* in Reichweite.

Dienstleistungen für Stadtbewohner*innen, speziell Altenpflege zuhause, werden in klimaresonanten Städten mit hoher menschlicher Kontaktqualität „gelebt", ebenso wie Leistungen von Gesundheitseinrichtungen, die sich durch das kultivierte Zusammenwirken von medizinischer Hochtechnologie und menschlicher Wärme auszeichnen. Auch das Grundbedürfnis von Wohnenden auf Kommunikation (vor allem im Sinn erhöhter Konnektivität durch einen Mix von Geräten und Technologien, die von persönlichen Mobilgeräten bis hin zur Inanspruchnahme großer Dateninfrastrukturen reichen) erschöpft sich in klimaresonanten Städten nicht im passiven Nachrichtenkonsum und verliert sich schon gar nicht in Zeitverschwendung durch *Fake News,* sondern wird online im Geist des Digitalen Humanismus gelebt und offline durch spannende Grätzel-Debatten ergänzt – Begegnungen in gleichsam dörflicher Atmosphäre.

Wie überhaupt der Gegensatz von Stadt und Land eine immer geringere Rolle spielt. Die Homeoffice-Erfahrungen aus der Corona-Pandemie, die sich zunehmend durchsetzenden Job-Vorstellungen der Generation Z, örtlich und zeitlich flexibel zu arbeiten, die Verteuerung des Wohnens in größeren Städten und andere Entwicklungen wie die Rückholung betrieblicher Aktivitäten aus dem fernen Ausland in die Nähe einheimischer Städte lassen die Einsicht reifen, dass Stadt und Land einander ergänzen und voneinander profitieren. Die klimaresonante Stadt lernt vom ländlichen Raum, was Resonanz fördern könnte, und bringt sich umgekehrt mit Anregungen in den ländlichen Raum ein. Stadt und Land begreifen sich als Partner, die Ideen austauschen oder gar gemeinsam entwickeln, die ausloten, wie sie einander noch besser ergänzen können, und mit übergreifenden Konzepten experimentieren – all dies in der Erkenntnis, dass sie gemeinsam zukunftsfähiger sind: Stadt und Land als zwei durch Resonanzkultur verflochtene Sphären!

Wie beim Wohnen lassen sich auch von den übrigen Grundbedürfnissen resonanzfördernde Verbindungen zu jeweils anderen Grundbedürfnissen herstellen, sodass sich eine Vielfalt von Verknüpfungen ergibt, die Städte resonanzfördernd gestalten können. Ich will hier aber nicht alle diese Verknüpfungen einzeln abhandeln, sondern nur einen ersten Eindruck von den Möglichkeiten vermitteln, urbane Lebensqualität zu erhöhen. Dies betrifft nicht zuletzt die Zukunft menschlicher Arbeit.

Viele Arbeitsfelder werden sich infolge von Resonanz grundlegend wandeln, manche gar neu erfunden werden. Welche das sind, darüber lässt sich heute nur spekulieren, doch wird alles, was urbane Qualitäten besser – resonanter – erfahrbar macht, hoch im Kurs stehen: Denken wir an die Gestaltung faszinierender Erkundungstouren, fantasievoller Begegnungspfade und kultivierter Salons, jeweils hochwertig, aber nicht elitär, sondern niedrigschwellig und erschwinglich angelegt. Daher werden beispielsweise Stadtmoderator*innen gefragt sein, die besondere Eigenschaften der Stadt zum Schwingen bringen oder ihr einen neuen Touch geben. Das Spektrum reicht von der Freiluftmusikantin und dem kommunikationsfreudigen Kaffeehaus-Kurator über die Vegan-Snackbar-*Celebrity-Chefin,* den regenerative Landwirtschaft betreibenden Stadtbauer und die Grätzel-im-Metaverse-Gestalterin bis zur *Circular Fashion*-Designerin und dem spritzigen Architektenduo, das auf „Bestandserneuerung mit Pfiff" spezialisiert ist und damit der klugen Ansage des Wiener Architekten Hermann Czech „Alles ist Umbau" frischen Elan verleiht. Auch das Handwerk wird neu gefeiert werden, und selbst die – ohne Lärm- und Abgasbelästigung in die Stadt zurückkehrende – industrielle Produktion wird trotz steigender Automatisierung sinnstiftende Jobs mit sich bringen.

Neue Arbeitsplätze werden auch aus Klimaanpassungserfordernissen entstehen, denn klimaresonante Städte begreifen, dass sie Klimaschutz und -anpassung viel stärker zusammendenken müssen und dies nicht nur eine Frage des Einsatzes neuer Technologien ist, sondern menschliches Geschick erfordert. So eröffnen spezifische städtische Angebote zur Betreuung hitzegestresster Menschen oder generell die Ausweitung städtischer Grünflächen nicht nur neue Resonanzpotenziale, sondern auch vielversprechende Möglichkeiten für menschliche Arbeit. Es gibt zugleich keinen Grund zu Scham, die „Vorteile" bereits manifester Klimaveränderungen zu nützen. Denn so sehr wir alle Hebel einsetzen müssen, um die Erderhitzung zu stoppen; sie verlangt uns nicht ab, dass wir uns deshalb den Resonanzpotenzialen bereits erfolgter Klimaveränderungen verschließen: So begünstigt etwa das zunehmend mildere Klima in Mitteleuropa eine (fast) ganzjährige Outdoor-Kultur (ohne klimaschädliche Heizpilze!), die neue Begegnungsqualitäten im öffentlichen Raum schaffen und damit auch sinnstiftende Jobs generieren kann.

Klimaresonante Städte fördern neben technischen vor allem auch soziale Innovationen. Sie sind sich bewusst, dass der Klimawandel das größte soziale Problem auf dieser Welt ist und handeln danach. Daher denkt etwa Wien vernünftigerweise die *Smart City* sozial und rückt mit seiner weiten Auslegung dieses Begriffs „den Menschen, den Klimawandel und den sozialen Aspekt in den Mittelpunkt", legt der Planungsdirektor der Stadt Thomas Madreiter dar.

56 Vgl. Madreiter, Thomas (mit Horak, Clemens; Peters, Nils): *Die nachhaltige Stadt: Städte als Laboratorien des Wandels,* 2021, S. 58

„Wien hat damit international ein neues Steuerungsmodell aufgezeigt. Die soziale Innovation wird zur Basis einer forcierten Ressourcenschonung.

Dabei setzt die Stadt Wien weder auf plumpe Technologiegläubigkeit noch unterstützt sie technologiefeindliche Tendenzen. [...] Gefragt sind klare und umfassende Steuerungsmodelle, die die aktuellen Fragen in ihrer Komplexität und Widersprüchlichkeit adäquat abbilden. Vordringlich muss dabei der Umgang mit der Bevölkerung völlig neu gedacht werden. So (werden) im Wiener Smart-City-Ansatz [...] ganz gezielt Zivilgesellschaft, Forschung, Wissenschaft und Wirtschaft in die Problemlösung einbezogen."

2022 beschloss der Wiener Gemeinderat die „Smart Klima City Strategie Wien: Der Weg zur Klimamusterstadt", deren zentraler Anspruch lautet: hohe Lebensqualität für alle Wiener*innen bei größtmöglicher Ressourcenschonung durch soziale und technische Innovationen. In der Strategie wird dazu ausgeführt, dass neben technischen Neuerungen zunehmend soziale Innovationen und neue, inklusive Innovationsprozesse in den Vordergrund treten; diese seien stärker von den Bedürfnissen der Bürger*innen inspiriert, breiter getragen und würden dabei unterstützen, neue Lösungswege zu testen.

57 Vgl. https://www.wien.gv.at/spezial/smartklimacitystrategie/

Klimaresonante Städte verstehen sich tendenziell als Gemeingut *(Commons)* und fördern daher den Übergang vom Menschenbild individueller Nutzenmaximierer*innen zur Wahrnehmung der Menschen als kooperationsfähige (öko-) soziale Wesen. Dieser Wandel muss selbstverständlich die Wirtschaft miteinschließen. Denn es wäre naiv zu glauben, dass uns Klimafürsorge und soziale Innovationen vor dem Hitzekollaps bewahren können, wenn nicht auch unser Wirtschaftssystem im Sinn einer zeitgemäßen ökosozialen Ethik umgestaltet wird. „Wirtschaft ohne Ethik ist ein Verbrechen und Ethik ohne Wirtschaft eine Illusion", wie der britische Philanthrop, Investor und soziale Innovator Sir Ronald Cohen den bedeutenden japanischen Ökonomen, Agrarreformer und Philosophen des 19. Jahrhunderts Ninomiya Sontoku in diesem Sinn zitiert. Klimaresonanz bietet Städten einen Maßstab, um die Wirtschaft auf dem weiten Weg vom linearen Massenkonsum zu umfassender und emissionsfreier Kreislaufkultur mitzunehmen und sie zu überzeugen, nicht nur auf intelligente Maschinen zu setzen, sondern (wieder) stärker auf menschliche Qualitäten und zivilisatorische Werte zu vertrauen. Außerdem bieten Städte die nötige Dichte, Vielfalt und Frequenz, um Kreislaufsysteme der Wirtschaft effizienter zu gestalten und eine breite Kreislaufkultur zu verankern: Hier kommt das nötige Know-how zusammen; hier lässt sich eine breite Palette von Materialien effizient recyceln; hier können Menschen mit vielfältigem Wissen und unterschiedlichsten Kompetenzen und Ressourcen auf andere Menschen mit ähnlichen Interessen und Zielsetzungen treffen, Ideen austauschen und sie in gemeinschaftlich gestalteten Prozessen umsetzen.

Klimaresonante Städte wollen sich Werteneutralität (und sei sie noch so profitsteigernd) nicht länger leisten; für sie ist dauerhafte wirtschaftliche Prosperität nur im Einklang mit Klimafürsorge, Artenvielfalt, Ökosystemqualität, Kreislaufkultur, sozialer Gerechtigkeit, sinnstiftenden Arbeitsplätzen und aktiver Mitbestimmung durch kundige Bürger*innen möglich. Sie begreifen sich als essenziellen Werten verpflichtete kulturelle Organismen und künstlerische Biotope. Sie gehen damit erheblich weiter als „kreative Städte", wie sie der US-amerikanische Ökonom und Stadtforscher Richard Florida Anfang des Jahrhunderts in seiner Theorie der „kreativen Klasse“ unter Betonung der 3 Ts, nämlich Technologie, Talente und Toleranz, postulierte.

58 Florida, Richard: *The Rise of the Creative Class. And How It's Transforming Work, Leisure and Everyday Life,* 2002

Selbstverständlich fühlen sich gerade Mitglieder der kreativen Klasse wichtigen Werten, speziell Toleranz und Diversität, verbunden, doch die Inhalte ihrer kreativen Tätigkeit dienten tendenziell der Steigerungslogik (z.B. die Gestaltungstätigkeit von Designer*innen zur Ankurbelung des Absatzes von Möbeln oder Stararchitektur mit hohem CO2-Fussabdruck). Klimaresonante Städte heben Floridas Konzept der kreativen Städte auf eine völlig neue Ebene, indem sie die Vorzüge der 3 Ts mit engagierter ökosozialer Zukunftsgestaltung und einem klaren Bekenntnis zu den Werten eines *Regenerativen Digitalen Humanismus* verbinden, was einer Verabsolutierung von Technologien entgegensteht. Sie sehen in künstlerischen Disziplinen ideale Partner, sie darin zu unterstützen, offene Resonanzräume zu bilden und die Chancen des Wandels für die Menschen greifbar und erstrebenswert zu machen.

Aber wie lassen sich all diese Visionen und Ideen in der Praxis verwirklichen? Städte haben gegenüber Nationen den Vorteil, dass sie als politische Einheiten einigermaßen übersichtlich sind und verhältnismäßig autonom entscheiden können. Wie das Beispiel Paris zeigt, kann eine starke Frau als Bürgermeisterin Berge versetzen. Die Pariser Pläne wurden auch in Wien (wie in vielen anderen Städten) genau studiert, überdies hat Wien seinen Ruf als Großstadt mit der höchsten Lebensqualität und Lebenszufriedenheit weltweit zu verteidigen; in meiner Wahrnehmung hat die Wiener Stadtregierung erkannt, dass sie zur Bewältigung der Klima- und ökosozialen Gesamtkrise eine ähnliche Themenführerschaft und Modellfunktion entwickeln muss, wie es ihr seit über 100 Jahren beim sozialen Wohnbau gelingt.

Ich möchte als Ausklang dieses Kapitels drei zusätzliche Hebel vorstellen, die quer durch alle erörterten Bereiche als Booster zur Entfaltung offener Resonanzräume in Städten wirken können:

Re-Neighboring geht vom Konzept des Neighboring aus, das in Bezug auf Nachbarschaft nicht nur auf soziale Bindungen abstellt, sondern auch Gerechtigkeit, Demokratie, Teilhabe, soziale Eingliederung, Verbundenheit, Ortssinn, Sicherheit, gemeinschaftliches Wohlbefinden und Lebensqualität in den Vordergrund rückt.

59 Siehe https://www.architektur-aktuell.at/news/re-neighboring

Re-Neighboring, wie es etwa in Kopenhagen praktiziert wird, will angesichts des stagnierenden Bevölkerungswachstums in Europa bestehende städtische Gebiete in „blühende Nachbarschaften“ verwandeln. Dabei wird davon ausgegangen, dass Urbanisierungsprozesse nicht nur die Klimakrise berücksichtigen müssen, sondern auch Fragen wie steigende Lebensunterhaltskosten, soziale Mobilität und die „Einsamkeitsepidemie“. Gelingendes Re-Neighboring zeigt, dass Bewohner*innen in florierenden Vierteln ein langfristiges Zuhause schaffen, was eine positive Spirale des Respekts, der Empathie und der Unterstützung unter den Nachbar*innen auslöst. Im Gegensatz zur Gentrifizierung muss der Prozess des Re-Neighboring (öko-)sozial bewusst und mit Rücksicht auf die bereits ansässigen Menschen erfolgen.

Ich kann mir vorstellen, dass sich zahlreiche Elemente des Re-Neighboring für eine geografische Erweiterung über unmittelbare Nachbarschaften hinaus eignen, etwa für ein Grätzel, den Teil eines Stadtbezirks oder einen ganzen Bezirk. Digitale Medien erleichtern es Nachbar*innen, einander zu gemeinsam interessierenden Themen zu finden. Hier ein Beispiel: Wie im vorangegangenen Kapitel erwähnt, ist Reparatur ein Kernbereich lebendiger Kreislaufkultur. Es gibt in Wien mittlerweile ein beeindruckendes jährliches „re:pair festival"

60 Siehe https://repair-festival.wien

und es wäre wunderbar, wenn sich, von diesem Festival inspiriert, in möglichst vielen Bezirken der Stadt durch Re-Neighboring ganzjährig aktive Reparatur-Gemeinschaften bilden, die das gemeinsame Interesse an Reparatur, von Kleidung bis zu elektronischen Geräten, zum Ausgangspunkt nachbarschaftlicher Aktivitäten nehmen. Re-Neighboring hat also großes Potenzial, sich als zukunftsweisende Kraft urbanen Zusammenlebens zu entfalten. Kann die Kunst dafür niedrigschwellige Visionen entwickeln?

Der zweite Hebel ist *Feminine Power in the City.* In meiner Wahrnehmung ist *Dignity* – im Sinn eines würdevollen Umgangs zwischen Menschen, aber auch mit anderen Spezies und der Natur insgesamt – bei Frauen ausgeprägter und werden Eigenschaften, die wir dringend für eine klimaresonante Zukunft brauchen, wie soziales und ökologisches Einfühlungsvermögen, Fairness, Fürsorge, Kooperationsbereitschaft, aber auch kommunikative Fähigkeiten eher Frauen zugeschrieben. Wie Frauen diese Eigenschaften einbringen, wie sie an der Entwicklung von Städten aktiv teilhaben können, wird maßgeblichen Anteil daran haben, ob die betreffende Stadt durch Nutzung ihrer Resonanzräume Vorbildwirkung entfalten kann. Dabei geht es nicht nur um Klima-Superstars wie Greta Thunberg als Begründerin der Fridays-for-Future-Bewegung oder Anne Hidalgo als unbeirrbare politische Macherin. Mein Aufruf richtet sich an *alle* Frauen wie auch an andere Menschen, die sich angesprochen fühlen, mit ihren besten femininen Eigenschaften gegen die Erderhitzung, den Raubbau an der Natur und das Artensterben anzukämpfen.

Kunst ist der dritte Hebel, von dem ich mir angesichts der starken urbanen Präsenz von Kunstschaffenden, Kunstwerken und Kunsteinrichtungen vielfältige Resonanzimpulse verspreche. Jede Stadt ist eine komplexe Klaviatur, die immer wieder neu zum Klingen gebracht werden muss. Es gilt das Interesse am Experiment, das Künstler*innen auszeichnet, für die Erkundung, Gestaltung und Bespielung offener Resonanzräume einzusetzen. Wir brauchen die Vorstellungskraft der Kunst, um ökosozial tragfähige Zukunftsszenarien zu entwerfen und sie in neuartigen partizipativen Prozessen kollektiv reifen zu lassen. So sind mehrjährige Zwischennutzungen von Gebäuden oder größeren Arealen ein bewährtes Rezept, um mit wünschenswerten Zukunftsvisionen zu experimentieren. So sind regelmäßig stattfindende Kunstfestivals wie die ab 2024 für jeweils rund 100 Tage organisierte Klima Biennale Wien spezielle Momente, die Stadt mit aktiver Hoffnung aufzuladen und die darin verbundenen Menschen zu gemeinsamer Zukunftsgestaltung zu motivieren. Gute Kunst ist immer ein paar Schritte voraus. Lernen wir besser erkennen, was sie uns sagen will!

Breit verankerte Zukunftskultur ist eine exzellente Voraussetzung dafür.

8

Die Kunst proaktiver Zukunftsgestaltung

Beim Ars Electronica Festival, der jährlich in Linz stattfindenden Mega-Veranstaltung für Kunst in den neuesten Medien zu brennenden Zukunftsfragen, entdeckte ich 2023 eine der beeindruckendsten künstlerischen Arbeiten, die ich je gesehen habe. Es handelte sich um eine Filmarbeit von enormen Dimensionen, die aber an einem der verborgensten Orte im Untergrund des Festivalareals installiert und daher leicht zu übersehen war. Die Rede ist von *Broken Spectre* (2022) des irischen Künstlers Richard Mosse, der ein beunruhigendes Porträt einer entlang der Transamazônica vorsätzlich herbeigeführten Umweltkatastrophe schuf und es durch ein Kaleidoskop wissenschaftlicher, kultureller, historischer, soziopolitischer, aktivistischer und anthropologischer Filter erzählt.

61 Siehe https://ars.electronica.art/who-owns-the-truth/de/broken-spectre/

Dieser 74-minütige immersive Film ist eine umfassende Dokumentation der weit verbreiteten, aber unsichtbaren Fronten der Abholzung und des industrialisierten Ökozids im Amazonasbecken. Durch abrupte Sprünge in Maßstab und Medium enthüllt der Film nicht-nachhaltige Prozesse extraktiver Gewalt: illegale Abholzung, Massenverbrennung, wilde Goldminen, Diebstahl von indigenem Land, Artensterben, Überflutung und Aufstauung von Flüssen sowie die Kolonisierung des Waldes. Die Wissenschaft nutzt seit Jahrzehnten modernste Formen der Fernerkundung, um die Waldzerstörung zu verstehen, Kipppunkte zu modellieren und die drohende Umweltkatastrophe im Amazonasgebiet aufzuzeigen. Broken Spectre versucht nun, diese undurchsichtigen Themen mithilfe von wissenschaftlichen Bildgebungstechnologien zu beleuchten, die auch als Werkzeuge zur Ressourcengewinnung in Bergbau- und Agrarindustrien eingesetzt werden. Mosse setzte dafür drei verschiedene Medien ein: Um den brennenden Wald zu erfassen, wurde in Zusammenarbeit mit einem Unternehmen für Spektroskopie und Machine Vision eine multispektrale Luftbildkamera entwickelt. Der Film bedient sich Techniken der UV-Mikroskopie, und es wurden nächtliche Nahaufnahmen am Boden des Nebelwaldes mit ultravioletten Lichtern gemacht, um reflektierende und fluoreszierende ultraviolette Makro-Zeitrafferaufnahmen des Waldbioms zu erstellen. Für Szenen in menschlichem Maßstab, die Vorgänge der Umweltverbrechen darstellen, wurde auf analogem S35-mm-Infrarotfilm mit zweifach anamorphotischen Objektiven gedreht. Es handelt sich um eine der in der Geschichte des Films äußerst seltenen Verwendungen von Infrarotfilm. Der Künstler sieht in dieser Überschneidung einen fruchtbaren Raum für einen Film über Umweltzerstörung, da die Kamera das Ausmaß der Waldzerstörung und des Waldsterbens messen könne. Der Film wurde in Zusammenarbeit u.a. mit den Yanomami- und Munduruku-Gemeinschaften gedreht und von der Ars Electronica mit dem *Grand Prize – Innovative Collaboration* ausgezeichnet.

Broken Spectre ist wissenschaftlich fundiert, konfrontiert aber nicht nur unseren Intellekt mit der unfassbaren Umweltzerstörung im Amazonasgebiet, sondern erreicht uns auch emotional und berührt uns zutiefst, ohne nur einen Augenblick in Kitschnähe zu geraten. Der Film funktioniert völlig anders als ein Dokumentarfilm oder ein dystopischer Hollywood-Movie. Er ist leicht zugänglich, ohne sich anzubiedern. Einer der überwältigenden Momente ist eine längere Sequenz gegen Ende hin, die eine Versammlung einer indigenen Gemeinschaft zeigt. Plötzlich ergreift unter den vielen Männern eine jüngere Frau das Wort und hält eine Brandrede gegen alles Unheil, das die industrialisierte Welt (Rosas Steigerungsgesellschaft) in den Amazonas gebracht hat, eine Anklage, die durch Mark und Bein geht. *Broken Spectre* ist einfach großartige Kunst, die über die Kraft verfügt, Menschen zu verändern. Es wäre ungemein wichtig, diese wuchtige und zugleich verstörend subtile Filminstallation überall in der Welt zu zeigen, und ich bin überzeugt, dass dieses Werk stets auf enorme Resonanz stoßen würde.

Welche Stärken assoziieren Sie mit Kunst? Steht Kunst in Ihren Augen für das Unerwartete, Offene, Neue, Unerforschte, Kritische, Kompromisslose, Schräge, Verschlagene, Verwegene, ja sogar völlig Undenkbare? Oder für etwas gänzlich Anderes? Wozu braucht es Kunst in unserer Gesellschaft?

Die Kunst ist für Hartmut Rosa „fast gleichzeitig mit der und in ganz ähnlicher Weise wie die Natur“, wie er schreibt, „zur vielleicht wichtigsten und nach und nach alle Alltagsbereiche durchdringenden Resonanzsphäre der Moderne geworden. [...] Die Kunst berührt und bewegt den modernen Menschen als Rezipienten im Innersten seiner Seele wie nichts anderes – und sie gebietet ihm als Produzenten, das heißt als Künstler [...], indem sie ihre eigene Gesetzmäßigkeit gegen alle instrumentelle, politische oder ökonomische Vernunft geltend zu machen vermag.“

62 Vgl. Rosa, *Resonanz,* S. 472f

Aus dieser Kraft, aus diesem Gebot und Anspruch der Kunst entspringe der Kreativitäts- und Originalitätsimperativ der Moderne.

Gute Kunst hat wunderbare Potenziale, sich in die aus heutiger Sicht größte Herausforderung unseres Jahrhunderts einzubringen. Zahlreiche Künstler*innen verweigern aber jegliche künstlerische Auseinandersetzung mit der Klima- und ökosozialen Gesamtkrise. Sie argumentieren, dass sie die großen Zukunftsthemen in ihrer künstlerischen Arbeit getrost ignorieren können, denn dank der Freiheit der Kunst müssen Kunstschaffende gar nichts. Kunst dürfe niemals instrumentalisiert werden, basta!

Die sich Klima und Ökologie verweigernden Kunstschaffenden haben insofern recht, als niemand zu bestimmten künstlerischen Themensetzungen gezwungen werden darf. Ein solches Vorhaben würde schon an der mangelnden Resonanz des/r Künstler*in zum entstehenden Werk qualitativ scheitern. Das bedeutet aber nicht, dass sich die Disziplin Kunst aus der Verantwortung stehlen kann, auf der Höhe der Zeit zu agieren. Das die Eingangsfassade der Wiener Secession zierende Motto „Der Zeit ihre Kunst. Der Kunst ihre Freiheit.“ bringt es wunderbar auf den Punkt. Nein, Kunst darf niemals instrumentalisiert werden, aber unsere Zeit braucht eine sie auf Augenhöhe herausfordernde Kunst. Die Kunst ist sich des Vertrauens, das die Gesellschaft in sie setzt, bewusst und wird diese Erwartungshaltung nicht enttäuschen wollen. Wie absurd wäre es, wenn sich die zeitgenössische Kunst im 21. Jahrhundert nur als Revival oder Sampling früherer Epochen der Kunstgeschichte verstünde (wie es in der Gründerzeit im Wien der zweiten Hälfte des 19. Jahrhunderts, dem sogenannten Historismus, der Fall war), wie traurig wäre es, wenn wir gerade in der weitreichendsten Umbauphase menschlicher Zivilisation seit Beginn der Industrialisierung auf Impulse der Kunst verzichten müssten! Oder können Sie sich eine Zukunft vorstellen, die nur von Berufspolitiker*innen, Wirtschaftsbossen und Ökonom*innen, Ingenieur*innen und Programmierer*innen gebastelt wird? Eine Zukunft, in der die Kunst zu allen zentralen Themen verstummt ist und nur mehr inhaltlich belanglose Unterhaltung auf hohem Niveau produziert? Für echte Zukunftsgestaltung braucht es die Vorstellungskraft und Kreativität der Gestaltungsprofis!

Aber auch für die Kunst wäre die Haltung, sich konsequent den großen Zukunftsfragen zu verweigern, ein Eigentor. Denn Kunst ist nicht nur brillant darin, Avantgarde zu sein, sie liebt es auch, diese Rolle zu spielen. Kunstmarkterfolge ohne fortwährende substanzielle Erneuerung machen auf Dauer niemanden glücklich und laufen sich qualitativ tot. Daher sind Kunstuniversitäten aufgerufen, ihre Studierenden auf die Auseinandersetzung mit der Klima- und ökosozialen Gesamtkrise als größter Herausforderung des Jahrhunderts stringent vorzubereiten. Daher sind die Kurator*innen und andere Ausstellungsmacher*innen gut beraten, Künstler*innen bestmöglich an diesen Themenkreis heranzuführen und sie mit spannenden Projektangeboten zu neuen künstlerischen Arbeiten zu motivieren. Wie die Beispiele Richard Mosse, Ursula Biemann

63 Vgl. https://geobodies.org

oder der Österreicher Oliver Ressler

64 Siehe etwa die rezente Arbeit *Climate Feedback Loops,* https://www.ressler.at/climate_feedback_loops/

zeigen, gibt es eine Reihe von herausragenden Künstler*innen, die sich mit der Klima- und ökosozialen Gesamtkrise künstlerisch fundiert auseinandersetzen. Einer der Vorreiter ist der dänische Künstler isländischer Herkunft Ólafur Elíasson, der seit Jahrzehnten Kunst zu diesem Fragenkreis schafft. Diese Beispiele dürfen aber nicht darüber hinwegtäuschen, dass die Klima- und ökosoziale Gesamtkrise bei Kunst- und Kultureinrichtungen bei weitem nicht die Priorität hat, die ihr in unserer *Make-or-Break*-Dekade eigentlich zukäme. Viele Institutionen praktizieren weiterhin *business as usual* und versäumen es, mit ihren beträchtlichen Möglichkeiten dazu beizutragen, die Kunst zu einer wirksamen Kraft der Zukunftsgestaltung zu machen.

Wir brauchen Kunst- und Kultureinrichtungen, die *proaktiv die Zukunft mitgestalten* und nicht warten, bis sie von ihren Eigentümern dazu vergattert werden; die bereit sind, ausgetretene Pfade zu verlassen und wirklich Neues zu wagen; die ein Gespür dafür haben, welche Künstler*innen das Potenzial haben, kongeniale Mitstreiter*innen zu werden; die auf Wissenschaftler*innen zugehen und mit gemeinsamem Engagement essenzielle Projekte durchführen; die für den Dialog mit Menschen brennen und Magier in der Erfindung von attraktiven Partizipationsformaten sind; die zugleich ein Händchen für unbequeme, aber für die Sache unverzichtbare Kooperationspartner haben; die wissen, dass es in der Klima- und ökosozialen Gesamtkrise auf alle Hebel ankommt, und die daher unkonventionelle Kollaborationen nicht scheuen, sondern diese im Gegenteil erfinden und beharrlich umsetzen, nicht zuletzt mit derzeit noch fossilen Unternehmen, denn vor allem die gilt es zu bekehren.

Wir brauchen also vorausschauende Kunst- und Kultureinrichtungen, die Kunstschaffenden die Konzeption und Präsentation neuer Arbeiten zur Klima- und ökosozialen Gesamtkrise ermöglichen. Biennalen und Triennalen spielen hier eine wesentliche Rolle. Es ist meine feste und in meiner Tätigkeit für die Vienna Biennale for Change immer wieder bestätigte Überzeugung: Künstler*innen sind unverzichtbar, wenn es darum geht, mit ganzheitlichem Ansatz zu arbeiten und *radikale Imagination* für eine bessere Zukunft einzubringen. Sie vermeiden monothematische Zugänge, sind erfindungsreich und in der Lage, der Komplexität unserer Welt mit visionären und zugleich niedrigschwelligen Alternativen zu begegnen. Wir brauchen daher noch mehr Künstler*innen, die es durch ihre Gestaltungsqualitäten schaffen, andere Menschen zu verwandeln!

Bei so manchem Kunstschaffenden wird die Komplexität der Klimathematik zu einer überraschenden künstlerischen Wende oder gar zu einem Neustart führen. Aber welche andere Frage als die Klima- und ökosoziale Gesamtkrise könnte gerade die Kunst in ihren so vielfältigen Möglichkeiten mehr herausfordern und ihr das Äußerste abverlangen?

Erfreulicherweise ist spätestens seit dem Auftreten der Fridays-for-Future-Bewegung die Botschaft angekommen, dass die Große Transformation von Wirtschaft und Gesellschaft tatsächlich systemischen Wandel in allen Sektoren meint – systemischen Wandel, der gerade die Künste mit ihrem weit über ihre messbare Wirtschaftsleistung hinausgehenden gesellschaftspolitischen Anspruch noch mehr herausfordert als andere Bereiche. Wie aber erreichen wir eine kritische Masse an künstlerischer Auseinandersetzung mit dem breiten Themenkreis Klimafürsorge, Erhalt der Biodiversität, Schonung der Erde und ihrer Ressourcen, Bewahrung und Pflege der Ökosysteme, umfassende Kultur biologischer und technischer Kreisläufe sowie ganzheitliche Regeneration einschließlich aller damit verbundenen sozialen Dimensionen?

Je überzeugender die Argumentation ausfällt, dass Zukunftsgestaltung maßgeblich auf visionäre inhaltliche Impulse, strategische Qualitäten und ganzheitliche Sichtweisen sowie die emotionale Kraft und Dynamik von künstlerischen Sparten angewiesen ist, umso eher lassen sich die – nicht zuletzt finanziellen – Spielräume schaffen, die es braucht, um diesen hohen Anspruch in der Praxis einzulösen. Je effektiver Festivals wie Biennalen durch die gezeigten Projekte und geführten Diskurse tatsächlich mit der Politik, Wirtschaft und Zivilgesellschaft in einen wertschätzenden Dialog kommen und auf sie einwirken können, umso stärker die Motivation von (weiteren) Künstler*innen, sich diesen Themen zu stellen. Die Beschäftigung mit der Klimafrage sollte nicht Selbstzweck, nicht *„l'art pour l'art"* sein, sondern in einem gesellschaftspolitischen Kontext erfolgen, der künstlerischen Disziplinen zentralen Stellenwert einräumt und auf sie hört.

Es gibt also zahlreiche Gründe, warum Künstler*innen für die ökosoziale Gestaltung der Zukunft unverzichtbar sind. Sie können nicht nur die Köpfe der Menschen erreichen, sondern auch deren Herzen. Damit ist die Fähigkeit der Künste angesprochen, auf emotionaler Ebene mit den Menschen zu kommunizieren. Wir brauchen die Künste einschließlich neuartiger partizipativer Ansätze, um die in der Großen Transformation steckenden Chancen auf bessere Lebensqualität überzeugend zu vermitteln und für die Menschen greifbar zu machen. Wir benötigen für die angestrebte Regeneration einen ganzheitlich angelegten systemischen Wandel, doch eine solche Große Transformation ist auf einen wertebasierten Kulturwandel mit entsprechender Breitenwirkung angewiesen. Wer aber könnte einen solchen gemeinsamen Werten verpflichteten Kulturwandel glaubwürdiger vorantreiben als künstlerische Sparten?

Dieser Kulturwandel beginnt bei unserem Verhältnis zur Erde, zur Natur. Denn die menschgemachte Erderhitzung und der Raubbau des Menschen an unserem Planeten sind kein zivilisatorisches Erfolgsrezept für die Zukunft. Statt der unendlichen Verlockungen der Massenkonsumgesellschaft brauchen wir neue Zugänge zur Natur, die von Wertschätzung ihrer Schönheit und Demut vor ihren Ressourcen und Ökosystemleistungen getragen sind. Ich behaupte, dass künstlerische Sparten maßgeblich dazu beitragen können. Dies mag auf den ersten Blick paradox erscheinen, werden doch Kunst und Natur häufig als Gegensätze konstruiert. Was Kunst jedoch in die Nähe der Natur rückt, sind unter anderem ihr ganzheitlicher Ansatz, ihre Kreativität, ihre Poetik und Ästhetik, ihre Authentizität, ihre Fähigkeit, uns emotional zu berühren, wie überhaupt ihre Resonanzqualitäten – entscheidende Eigenschaften im Kampf gegen die Massenkonsumgesellschaft und für ein neues Verhältnis zur Natur. Künstlerische Arbeiten können Triebfedern für uns Menschen werden, eine neue, von Liebe und Fürsorge getragene Beziehung zur Natur zu wagen und uns selbst als Teil der Natur wiederzuerkennen. Wenn wir uns als Teil der Natur verstehen, dann erscheint die Frage unserer Beziehung zu anderen Spezies, zu unseren Mitmenschen und letztlich zu uns selbst in völlig neuem Licht. Wir begreifen, dass neue, die Modernität unseres Zeitalters zum Ausdruck bringende *Formen* – von Solarpanelen über das Interface-Design auf unseren Smartphones bis zu den Manifestationen Künstlicher Intelligenz – uns nicht die Suche nach uns selbst ersparen, also die Suche nach dem *neuen Menschen* in einem Zeitalter, in dem kein Stein auf dem anderen bleibt: Wie wollen wir in unserer hochkomplexen Moderne des 21. Jahrhunderts – der *Klima-Moderne,* die zugleich eine *Digitale Moderne* ist – Mensch sein? Wäre es nicht wunderbar, wenn es gerade die Kunst schafft, den unsere Zivilisation prägenden Gegensatz von Natur und Kultur zu überwinden? Das Konzept der Klimaresonanz liefert der Kunst dafür unverzichtbare Grundlagenarbeit.

Wenn Zukunft das *Wesen des Menschen* ausmacht, wird deren proaktive Gestaltung zu einer – wenn nicht sogar der – zentralen Aufgabe der Kunst. Das bedeutet, dass die Kunst sichtbar *climate leadership* übernehmen sollte. Daher gilt es, noch viel mehr Künstler*innen ebenso wie Kunst- und Kultureinrichtungen, Biennalen und andere Festivals zur umfassenden Auseinandersetzung mit der größten Herausforderung unseres Jahrhunderts zu motivieren. Wir benötigen nicht nur ihre Visionen, Strategien und konkreten Lösungsvorschläge. Wir brauchen Künstler*innen – ebenso wie Kunst- und Kulturinstitutionen – auch als *Role Models,* die Vision und Gestaltungskraft mit Verantwortung und Aktivismus verbinden und uns Perspektiven eröffnen, wie wir uns mit eigener Kreativität in die Zukunft einbringen können. Denn im Großen wie im Kleinen und Persönlichen gilt, wovon schon Abraham Lincoln überzeugt war: „The best way to predict the future is to create it." Oder um es mit Joseph Beuys auszudrücken: „Die Zukunft, die wir wollen, muss erfunden werden. Sonst bekommen wir eine, die wir nicht wollen."

Für Kunstschaffende wie für Kunst- und Kultureinrichtungen bedeutet Zukunftskultur, nicht nur rasch auf die enormen Anforderungen des Umbaus von Wirtschaft und Gesellschaft zu reagieren, sondern proaktiv Gestaltungsaufgaben zu übernehmen – Klimaresonanz bietet sich dafür als Maßstab und Antrieb regenerativer Qualitätsgesellschaften an. Der künftige historische Rückblick auf die 2020er Jahre wird schonungslos analysieren, welche Orte mit Unterstützung der Kunst als *inspirierende und effektive Ideenzentren* agierten und welche diese Chance verschlafen haben. Die Agilität, mit der sich die Kunst und die sie tragenden Institutionen in die Große Transformation einbringen, wird ihre Glaubwürdigkeit auf lange Zeit bestimmen.

9

Wir alle sind Zukunfts-designer*innen

Wir alle sind Zukunftsdesigner*innen

Was aber bedeuten die bisherigen Ausführungen für jede*n von uns? Muss ich ohnmächtig zusehen, wie die Welt durch Erderhitzung und Artensterben an die Wand gefahren wird? Was kann ich als Einzelner tun? Wie kann ich mich in die Gestaltung der Zukunft einbringen und welche Möglichkeiten habe ich, wenn ich weder Politiker*in oder Manager*in noch Wissenschaftler*in, Künstler*in oder Programmverantwortliche*r einer Kunst- und Kultureinrichtung bin? Macht es einen Unterschied, ob ich in einer liberalen Demokratie lebe oder in einem autoritären System?

Beginnen wir mit den Mitgestaltungsspielräumen, die sich dem Einzelnen in liberalen Demokratien bieten: Wie ich im Kapitel über die Resonanztheorie erläutert habe, ist Politik im Verständnis von Hartmut Rosa eine *horizontale* Resonanzachse; entscheidend ist die Frage, als was die Sphäre der Demokratie erlebt und gestaltet wird. Die Corona-Pandemie hat mit den in vielen Demokratien verhängten Lock-Downs und dekretierten Impfpflichten neue Dimensionen demokratischen Protests eröffnet, die die politische Landschaft zugunsten populistischer Parteien verändert haben. Zugleich sind wir in der Klimakrise mit den aufsehenerregenden Aktionen der Letzten Generation und vergleichbarer aktivistischer Bewegungen konfrontiert, die trotz ihrer nachvollziehbaren Motive bei einem Großteil der Wählerschaft beträchtliche Verärgerung auslösen und letztlich vor allem populistischen Parteien in die Hände spielen.

Die Beantwortung der Frage, wie ich als Einzelne*r zur Bewältigung der Klima- und ökosozialen Gesamtkrise beitragen kann, setzt ein besseres Verständnis der Rollen voraus, die jede*r von uns in der Gesellschaft einnimmt. Viele Menschen tendieren dazu, ihren Einfluss zu unterschätzen (allerdings überschätzen ihn auch manche...); sie sind sich zu wenig bewusst, dass sie nicht nur in einer Rolle auftreten, sondern mehrere haben und diese auch kombinieren können. Die meisten von uns haben in vier bis fünf Rollen individuelle – und damit potenziell gemeinschaftliche (kollektive) – Handlungsmacht *(„agency“)*: als informierte Konsument*innen, als digital vernetzte User*innen, als mündige Bürger*innen, als berufstätige Menschen und als potenzielle „Bürger-Zukunftsdesigner*innen“.

Als *informierte Konsument*innen* können wir unser Konsumverhalten noch viel stärker an ökologischen Überzeugungen orientieren. Wir können den Kauf von Produkten boykottieren, die besonders klima- und umweltschädlich sind, wir können die Aktivitäten von Marken, die uns klimafreundliche Produktionsweisen vorgaukeln, als *greenwashing* kritisieren oder uns lokalen Bürger*innen-Protesten gegen umweltschädliche Fabriken anschließen. Wir können kritische Informationen über bestimmte Unternehmen oder Praktiken teilen oder Apps nutzen, um beim Einkauf im Supermarkt klimaschädigende und ungesunde Produkte zu erkennen. Meist kommen mehrere Faktoren zusammen, um große Unternehmen zum Umdenken zu bewegen: Druck der Konsument*innen, der Medien sowie der Investor*innen, bisweilen auch eigene Einsicht – wie etwa der Fokus auf Kreislaufwirtschaft bei IKEA.

65 Siehe https://www.ikea.com/de/de/this-is-ikea/corporate-blog/kreislaufwirtschaft-puba5851520

Als *digital vernetzte User*innen* können wir ökologische Sichtweisen mithilfe des Internet über alle digitalen Kanäle, die wir nutzen, und im

Rahmen globaler virtueller Realitäten wie des Metaverse einbringen und entweder sehr gezielt oder an einen breiten Personenkreis adressieren. Jede*r kann hier ein Sender seiner eigenen Botschaft zu mehr Klimaresonanz werden und sehen, ob diese auch bei anderen Anklang findet. Angesichts des hohen und weiter steigenden Digitalisierungsgrades von Gesellschaften in allen Teilen der Welt kommt dieser Rolle überall – und nicht nur in liberalen Demokratien – größte Bedeutung zu.

Als *mündige Bürger*innen* können wir nicht nur unser Wahlverhalten an ökologischen Überzeugungen ausrichten, sondern uns auch auf verschiedenen Ebenen persönlich und idealerweise mit Verbündeten für unsere Anliegen engagieren. Letzteres ist erforderlich, damit die großen ökologischen Themen (Umwelt, Klima, Artenvielfalt, Qualität der Ökosysteme, Kreislaufkultur statt linearen Wirtschaftens) nicht nur ins Zentrum der Aufmerksamkeit rücken, sondern von Parlamenten und Regierungen durch effektive Maßnahmen vorangetrieben werden. Zwar kann es sich in demokratischen Staaten mittlerweile keine Partei, die gesellschaftspolitische Verantwortung beweisen will, mehr leisten, Klimaschutz und Klimaanpassung nicht auch zum eigenen Kernthema zu machen (und das ist gut so, denn es zeigt, dass die Klimakrise endlich in der Mitte der Gesellschaft ankommt). Aber das sagt noch wenig über die Qualität der vorgeschlagenen Maßnahmen aus. Die Ansätze der verschiedenen Parteien liberaler Demokratien zu den zentralen ökologischen Fragen und zu Tempo und Gestaltung der Großen Transformation ergeben ein zunehmend differenziertes Bild, das überdies von Land zu Land variiert. Wir müssen als *mündige Bürger*innen* mit allen uns zur Verfügung stehenden Mitteln dafür kämpfen, dass Schlüsselansätze wirksamen Klima-, Natur- und Biodiversitätsschutzes wie die technischen Dekarbonisierungsmaßnahmen (Energiewende, Verkehrswende u.v.m.) und die Förderung umfassender Kreislaufkultur nicht vernachlässigt werden. Für effektive Klimafürsorge ist entscheidend, dass keine Partei in Zukunft ungestraft argumentieren kann, ökosoziale Zukunftsgestaltung käme ohnehin nur den Grünen zugute. Denn eine solche Einschätzung würde unweigerlich dazu führen, dass die für die Große Transformation dringend notwendigen Weichenstellungen gar nicht oder viel zu spät erfolgen bzw. zahm ausfallen – mit entsprechendem Schaden für das betreffende Land, aber auch für die Welt im Ganzen. Jeder Beitrag zählt, selbst wenn es sich um Kleinstaaten handelt. Angesichts des Bekenntnisses fast aller Parteien zu Klima- und Artenschutz ist es umso wichtiger, dass wir uns nicht mit der Stimmabgabe bei Wahlen begnügen, sondern uns zu den großen ökosozialen Problemen als Teil der Zivilgesellschaft ungefragt und laufend politisch engagieren. Nutzen wir als mündige Bürger*innen also unsere vielfältigen Möglichkeiten, jenen *„sense of urgency“*, den es für ökosoziale Zukunftsgestaltung braucht, eindringlich zu vermitteln!

Berufstätige Menschen können sich überdies direkt in ihrer beruflichen Funktion oder in ihrem beruflichen Umfeld einbringen. Je mehr wir uns mit der Klima- und ökosozialen Gesamtkrise befassen, umso motivierter werden wir sein, unseren Überzeugungen auch und gerade in unserem Beruf zum Durchbruch zu verhelfen. Dies eröffnet uns ein breites Spektrum von Möglichkeiten, von konkreten Vorschlägen zur Verringerung der Emissionen des uns beschäftigenden Unternehmens bis hin zu weitreichenden Ideen, wie das Unternehmen sein Geschäftsmodell positiv verändern könnte.

Zugleich sind wir alle potenzielle *„Bürger-Zukunftsdesigner*innen“* – ähnlich wie sich immer mehr Menschen als „Bürger-Wissenschaftler*innen“ *(„Citizen Scientists“)* betätigen, indem sie unter bestmöglicher Einhaltung wissenschaftlicher Kriterien an Forschungsprojekten mitwirken (z.B. seltene Schmetterlinge suchen und melden), Messungen durchführen oder sich an der Auswertung von Daten beteiligen. Als Amateur*innen (vom lateinischen *amator,* auf Deutsch Liebhaber*in) Zukunftsdesign zu betreiben, ist im Grunde unsere wichtigste Rolle, und jede*r von uns soll sie engagiert ausüben. Denn als *„Citizen Future Designers“* setzen wir uns zum Ziel, nicht nur die eigene Zukunft zu bestimmen, sondern ebenso verantwortungsvoll zur Gestaltung der gemeinsamen Zukunft der Menschheit beizutragen; so geringfügig unsere Beiträge im Weltmaßstab auch sein mögen, jeder Beitrag in die richtige Richtung zählt! Durch das Zukunftsdesign von Bürger*innen – einschließlich anderer Menschen, die an einem Ort leben oder sich auch nur zeitweilig aufhalten – entsteht ein lebendiger Dialog der Zivilgesellschaft mit den übrigen gesellschaftspolitischen Kräften, von der Politik und Verwaltung über Wirtschaft bis zu Kunst und Wissenschaft. Stichwort Wissenschaft: *Citizen Future Designers* werden sich in vielen Fällen zugleich als *Citizen Scientists* verstehen, was zusätzliche Dialogqualitäten generieren kann.

In all diesen Rollen muss uns bewusst sein, dass sich Gesellschaft und Wirtschaft umso eher transformieren lassen, je besser die dafür erforderlichen Kompetenzen durch Bildung vermittelt werden. „Neugierde und kritisches Denken gehören genauso dazu wie Selbstwirksamkeit, Multiperspektivität, Kooperationsvermögen, kulturelle Sensitivität, digitale Resilienz und Kommunikationsfähigkeiten. [...] Wissen, Wollen und Wirken [...] machen die Verantwortung aus, mit der jede*r an der Gestaltung der Zukunft teilnehmen kann. Wissen bedeutet, den Ist-Zustand und seine Entstehung beschreiben zu können. Wollen, den Soll-Zustand benennen zu können; sagen zu können, wie die wünschenswerte Zukunft aussieht und welche Mittel uns helfen, sie zu erreichen. Wirken schließlich steht für die sozialen und persönlichen Fähigkeiten, um sich selbst als Akteur*in auf dieser Reise einzusetzen, die mit dem ersten Schritt ins Neue beginnt.“

66 Vgl. Göpel, Maja: *Wir können auch anders. Aufbruch in die Welt von morgen,* 2022, S. 141f

Der Anspruch muss sein, über neunzig Prozent der Bevölkerung in allen Ländern klimakundig *(„climate-literate“)* zu machen. *Climate Literacy* – als Fähigkeit, Klimawirkungen lesen, schreiben und damit auch verändern zu können – ist die Voraussetzung für den zukunftsfähigen Einsatz individueller und kollektiver Handlungsmacht *(„agency“).* Die Notwendigkeit breiter Bildung zur Klima- und ökosozialen Gesamtkrise und deren Angebot als öffentliches Gut kann gar nicht genug betont werden. „Der wirksamste Weg aus diesem Schlamassel herauszukommen, ist es, uns selbst zu bilden“, so Greta Thunberg.

67 Vgl. Thunberg, Greta: *The Climate Book*, 2022, S. 324. Übersetzung durch den Autor (“The most effective way to get out of this mess is to educate ourselves.“)

Doch Bildung speist sich nicht nur aus wissenschaftlichen Quellen, die oft abstrakt sind und weit entfernte Vorkommnisse behandeln. Sie entsteht auch durch konkrete Erfahrungen vor Ort wie Dürren, Fluten und vieles mehr. Je mehr die Erderhitzung und das Artensterben schon heute konkret erfahrbar sind, je mehr Rückschlüsse sich ziehen lassen, wie man durch lokale Anpassungen gewisse Wirkungen abschwächen kann, umso sichtbarer wird die Klima- und ökosoziale Gesamtkrise.

Climate Literacy nützt der Menschheit im Ergebnis aber nur dann, wenn die von ihr umfassten Erkenntnisse tatsächlich umgesetzt werden, sowohl auf persönlicher Ebene als auch durch die Wirtschaft, Politik und anderen gesellschaftspolitischen Kräfte. Sie sollte daher leicht verständlich aufbereitete praktische Kenntnisse über das dringend erforderliche klimafürsorgliche Verhalten und Spielräume für gemeinschaftliches Handeln vermitteln. Niedrigschwellig erklärtes Klima-Basiswissen würde zugleich die Akzeptanz strengerer Klimaschutzvorschriften erhöhen. Länder, in denen das Bildungssystem noch nicht ausreichend entwickelt ist, könnten – wie das zum Beispiel in Afrika beim Banking möglich war – durch kreative Ansätze und innovative Technologien ganze Entwicklungsstadien überspringen (sog. *Leapfrogging*) und von den Letzten zur Spitzengruppe vorstoßen.

Da nur rund 25 Prozent der Staaten auf der Welt liberale Demokratien sind, ist die Frage, wie sich der/die Einzelne in illiberalen Demokratien und autoritären Systemen in die Gestaltung der Zukunft einbringen kann, von epochaler Bedeutung. Denn – sieht man vom Recht mündiger Bürger*innen, sich bei Wahlen unter mehreren Parteien entscheiden zu können, und vor allem vom rechtsstaatlichen Prinzip (im Sinn der verbindlichen Kraft des Rechts im Verhältnis des/der Einzelnen zum Staat) und den Grundrechten ab – haben auch Personen, die nicht in liberalen Demokratien leben, zahlreiche Möglichkeiten, sich zur Bewältigung der Klima- und ökosozialen Gesamtkrise wirksam einzubringen. Solche Aktionen können sich, wie sich in China beobachten lässt, sowohl gegen Unternehmen als auch gegen korrupte Lokalpolitiker richten, die für umweltschädigende Maßnahmen, z.B. extrem schlechte Luftqualität, verantwortlich gemacht werden.

Jede*r von uns, überall auf der Welt, hat also im Zusammenspiel verschiedener Rollen erstaunliche Möglichkeiten, sich für Klima-, Arten- und Ökosystemschutz und die Verringerung ökosozialer Ungleichheit zu engagieren. Was es braucht, ist ein neues „Zivilisationsbewusstsein“, nicht nur der verschiedenen gesellschaftspolitischen Kräfte, sondern vor allem auch von uns als Einzelmenschen. Erst wenn wir uns dieser Handlungsmacht *(agency)* voll bewusst sind und sie zu nützen bereit sind, werden wir die in den Verknüpfungen zwischen verschiedenen Resonanzsphären liegenden Potenziale zur Überwindung der fossilen Steigerungsgesellschaft heben können. Nicht jedes Zeitalter hat die Gelegenheit zu einer Großen Transformation. Nutzen wir diese einmalige Chance für uns selbst, aber auch im Interesse unserer Kinder, Kindeskinder und aller nachfolgenden Generationen, im Interesse von Flora, Fauna und der Natur insgesamt, im Interesse aller Ideen und Dinge, die uns ans Herz gewachsen sind, ja von allem, was uns sonst berührt, bewegt oder einfach wichtig ist!

Klimaresonanz verlangt von uns, die Große Transformation so zu gestalten, dass allen Menschen ein Leben in Würde ermöglicht wird. Mir ist bewusst, dass armutsbetroffene Menschen andere Sorgen als die Erderhitzung und das Artensterben haben. Heißt das, dass wir sie in Bezug auf die Klimathematik ignorieren und sie von unseren Bemühungen, die Klimakrise zu bewältigen, verschonen sollen? Natürlich nicht. Klimaresonanz bedeutet auch Klimagerechtigkeit und Inklusion, denn gerade bei der größten Herausforderung unseres Jahrhunderts dürfen wir niemanden zurücklassen. Sie schafft darüber hinaus neue Möglichkeiten, für die unser Vorstellungsvermögen bisher nicht ausreichte. Vermutlich können wir von armutsbetroffenen Menschen Wertvolles lernen, um die Klimakrise besser in den Griff zu kriegen – wenn wir denn die richtigen Formate finden, um offene, wertschätzende Gespräche zu führen.

Zu tun gibt es für *Bürger-Zukunftsdesigner*innen* genug: Wenn wir uns mit der Klimathematik hinreichend beschäftigen, werden wir auch als Gestaltungsamateur*innen spannende Ideen entwickeln können; so werden uns unter den Gesichtspunkten der Suffizienz, Effizienz und Konsistenz zahlreiche Verhaltensregeln und Maßnahmen einfallen, von denen wir uns Verbesserungen erwarten: Wie kann ich meine alltäglichen Routinen so ändern, dass sie erheblich weniger Ressourcen beanspruchen und die Emissionen erheblich reduzieren? Was fehlt, um solche Umstellungen nicht nur für Freund*innen und Bekannte, sondern für möglichst viele andere Menschen attraktiv zu machen? Wie lässt sich die frohe Botschaft, dass markante Ressourcen- und Emissionseinsparungen gar nicht so schwierig sind und überdies die eigene Geldbörse schonen, unter die Leute bringen? Von wem können wir uns gute Lösungen abschauen, sie weiter verbessern und wiederum breit zur Diskussion stellen? Der Vorstellungskraft sind – wie so oft in diesem Buch festgestellt – kaum Grenzen gesetzt, und wir brauchen sie, um auch Politik und Wirtschaft zu beflügeln. In sämtlichen Rollen, vor allem jener als Bürger-Zukunftsdesigner*innen, geht es vorrangig um die Wirkrichtung von unten nach oben *(bottom-up)*, die bei Klimaresonanz mindestens so wichtig ist wie jene von oben nach unten *(top-down)*, und idealerweise kreuzen und verstärken die beiden Wirkrichtungen einander. Es ist höchst erfreulich, wie viele *bottom-up*-Pionier*innen es schon gibt, die als „Avantgarde des Bürger-Zukunftsdesigns“ mit ihren Projekten beachtliche Ergebnisse erzielen.

Hoffen wir, dass möglichst viele Menschen die Zukunft für so wichtig halten, dass sie sich darüber nicht nur Gedanken machen, sondern die Initiative ergreifen! Wir können damit weit über unser Wirken als Bürger*innen hinaus *impact* erzeugen: Wir können Kreislaufkultur „leben“, indem wir digital unterstützte Tauschbörsen initiieren; wir können in Städten Projekte kleinteiliger regenerativer Landwirtschaft und urbaner Gemeinschaftsgärten starten; oder wir können erneuerbare Synergien fördern, indem wir mit Gleichgesinnten die Installation von Solardächern vorantreiben. Durch sichtbares konkretes Engagement können wir als Bürger-Zukunftsdesigner*innen zu lokal oder gar regional einflussreichen Multiplikator*innen und zum Vorbild für viele andere Menschen werden.

Wir können aber die Wirkung unseres Handelns noch erheblich steigern, wenn wir unsere Rollen als informierte Konsument*innen und digital vernetzte User*innen, mündige Bürger*innen, (gegebenenfalls) berufstätige Menschen und vor allem passionierte „Bürger-Zukunftsdesigner*innen“ *konsequent zusammendenken.* Dann sollte es auch nicht mehr passieren, dass wir in diesen Rollen unterschiedliche Positionen vertreten; eine derartige *kognitive Dissonanz* (wenn Wissen und Verhalten nicht zusammenpassen) wird etwa CEOs vorgeworfen, wenn sie im persönlichen Gespräch, z.B. mit den eigenen Kindern, den Schutz des Klimas und der Natur und ihrer Biodiversität hochhalten, als CEOs aber tagtäglich in kurzsichtiger Weise fossilen Unternehmensinteressen dienen. Je kohärenter wir diese Rollen im Sinn von Klimaresonanz zusammenführen (um idealerweise „aus einem Guss" zu handeln), umso authentischer und wirkungsvoller werden wir nicht nur insgesamt, sondern auch in jeder einzelnen dieser Rollen sein. Um auf die CEOs zurückzukommen: Die Chancen stehen gut, dass unter den CEOs diejenigen gefeiert werden, die ihre Unternehmen rechtzeitig zu ökosozialen Vorzeigeunternehmen machen (und damit auch mit sich selbst ins Reine kommen) – gefeiert nicht nur von den Stakeholdern, sondern sogar von den eigenen Shareholdern. Wenn wir versuchen, unsere Rollen im Sinn von Klimaresonanz konsequent zusammenzudenken, kommt das strategischem Zukunftsdesign schon ziemlich nahe.

Unser Handeln und Engagement in diesen kognitiv verknüpften Rollen mindert nicht die Bedeutung der Profis, ganz im Gegenteil: Künstler*innen sind für uns *Citizen Future Designers* inspirierende *Role Models,* die uns die Augen öffnen, was alles vorstellbar ist. Indem sie uns neue Denkräume und Perspektiven zugänglich machen, können sie uns beflügeln. Je mehr Menschen die Zukunft mitgestalten und als Bürger-Zukunftsdesigner*innen ins Handeln kommen wollen, umso stärker wird die Arbeit der Profi-Gestalter*innen rezipiert, diskutiert und idealerweise weiterentwickelt. Denn Zukunftsgestaltung ist keine Einbahnstraße: Die Profis werden noch bekannter, sie können ihre künstlerischen Ideen besser verbreiten, sie erhalten überdies wertvolles Feedback und möglicherweise sogar Anregungen, neue Türen aufzustoßen.

Besonderer Stellenwert kommt dabei *partizipativen Projekten* zu. In der Praxis gibt es dafür bereits eine Fülle von Formaten wie Klima-Bürger*innenräte, Klimadialoge der Politik und Verwaltung mit der Bevölkerung u.v.m. Gerade mit Klimaräten gibt es inzwischen schon reichlich Erfahrung, sowohl auf lokaler und regionaler Ebene als auch auf nationaler. So stellt der in Österreich eingesetzte Klimarat eine Art „Mini-Österreich" dar; er setzt sich aus 100 Menschen zusammen, die seit mindestens fünf Jahren ihren Hauptwohnsitz in Österreich haben, mindestens 16 Jahre alt sind und den Querschnitt der Gesellschaft bei Geschlecht, Alter, Bildungsstand und Wohnort widerspiegeln.

68 Vgl. https://www.bmk.gv.at/themen/klima_umwelt/klimaschutz/nat_klimapolitik/klimarat.html

Die Auswahl nach dem Zufallsprinzip durch die Statistik Austria soll sicherstellen, dass die Teilnehmerinnen und Teilnehmer aus den verschiedenen Gruppen ausgewogen für die Gesamtbevölkerung vertreten sind. Die vom Klimarat in Österreich vorgeschlagenen Lösungen zeigen, dass die Menschen, wenn sie denn entscheiden könnten, bereits weiter sind, als die Politik es ihnen zutraut bzw. sich selbst traut. Ähnliches gilt für viele andere Länder.

Das Konzept der Klimaresonanz steht für eine neue, authentische *Lebens- und Wirtschaftskultur* und fordert alle Menschen auf, zur Herausbildung, ständigen Pflege und laufenden Verfeinerung dieser Kultur beizutragen. In einer *„Make-or-Break"*-Dekade muss es von Visionen, spannenden Ideen und konkreten Lösungsvorschlägen nur so wimmeln. Als engagierte Bürger-Zukunftsdesigner*innen sollten wir alle Hebel und Rollen, die uns zur Verfügung stehen, individuell und kollektiv für die Gestaltung von Klimaresonanz nützen. Wir sollten keine Angst haben, dass einmal eine Idee danebengehen oder sich kitschig anfühlen könnte. Je mehr wir uns mit den Arbeiten und sonstigen Impulsen der Gestaltungsprofis beschäftigen, umso besser werden auch wir als Amateur*innen. Fassen wir Mut und handeln wir!

10

Zukunftskultur: Mein Lebensraum ist Raum zum Leben, nicht zum Zerstören

Als ich in der Vorweihnachtszeit 2023 an einem Mittwochmorgen auf dem Weg ins Büro die Schottenkirche im 1. Bezirk in Wien betrat, probte gerade eine kleine Gruppe Jugendlicher den Ablauf einer vermutlich für denselben Tag geplanten katholischen Messe. Plötzlich hörte ich diesen Satz von einem Mädchen mit betont fester, doch im Grunde zerbrechlich wirkender Stimme vorgetragen. Diesen Satz, der mich seither nicht mehr loslässt: „Mein Lebensraum ist Raum zum Leben, nicht zum Zerstören."

Ich fragte mich einen Moment, warum sie „mein" und nicht „unser" gesagt hatte. Nach kurzem Überlegen musste ich ihr aber recht geben – ungeachtet meiner Begeisterung für gemeinsames, ja gemeinschaftliches Handeln. Der Satz hätte mit dem Wort „unser" viel von seiner stillen Anklage verloren, von der auf jede/n Einzelne/n von uns abstellenden Fragilität unseres Daseins. Wenn ICH fühle, was für meinen Lebensraum auf dem Spiel steht, kann ich die Kraft tiefen Empfindens sammeln, mich mit ähnlich Empfindenden zum fürsorglich handelnden WIR zusammenzuschließen. Denn die Verantwortung für das, was geschieht, liegt nicht bei einer abstrakten Welt, für deren Zerstörungswut dann niemand geradestehen will. Sie liegt bei jedem/r von uns und damit auch bei mir, sodass ich mich fragen muss, ob ich wirklich genug tue, um zu verhindern, dass mein Lebensraum zerstört wird. Und dennoch schwingt im ICH dieses Satzes schon das WIR mit, denn fast niemand hat Lebensraum, der nicht mit anderen geteilt werden müsste. Mein Lebensraum ist daher nicht meine Privatsache, sondern zumindest in Teilen auch der Lebensraum anderer Menschen und vielleicht auch dein Lebensraum. Und er ist mit Sicherheit der Lebensraum anderer Spezies, nicht zuletzt der Millionen von Mikroben, die meinen eigenen Körper bevölkern. Ich beginne die unendliche Größe meines Lebensraums besser zu verstehen und die wahre Tragweite des Satzes zu ermessen: Mein Lebensraum ist Raum zum Leben, nicht zum Zerstören.

Wenn das Wesen des Menschen die Zukunft ist, dann ist die Fähigkeit, sich seinen wünschenswerten Lebensraum zurechtzuträumen, seine vielleicht schönste Gabe. Umsichtige Arbeit an der Zukunft ist nicht nur eine politische, wirtschaftliche, wissenschaftliche, ökologische und soziale Angelegenheit, sondern eine übergreifende *kulturelle* Aufgabe. Die vorangegangenen Kapitel haben Traumspuren aufgezeigt, um der Welt unaufhörlicher Beschleunigung unseres Lebens einen viel bewussteren Umgang mit uns selbst, unseren Mitmenschen, anderen Spezies und der Natur insgesamt entgegenzusetzen. Wenn ich (und jede/r von uns) bereit bin, mich diesen Fährten zu öffnen, finde ich den Mut, die fortgesetzte Zerstörung zu bekämpfen und mich für die Heilung meines Lebensraums zu engagieren. Umsichtige Zukunftskultur ist jene Ausprägung von Kultur, die unserem Wesen am nächsten kommt und am besten entspricht.

Mit dem Duden können wir Kultur definieren als „Gesamtheit der geistigen, künstlerischen, gestaltenden Leistungen einer Gemeinschaft als Ausdruck menschlicher Höherentwicklung". In Anlehnung daran meint *Zukunftskultur* die *Gesamtheit der geistigen, künstlerischen, gestaltenden Leistungen der Beschäftigung einer Gemeinschaft mit der Zukunft als Ausdruck menschlicher Höherentwicklung.* Wenn sich eine Gemeinschaft mit ihrer Zukunft befasst, muss ihr bewusst sein, dass ihre Zukunft von vielen außerhalb ihres Einflussbereichs stehenden Kräften und Entwicklungen mitbestimmt wird. Angesichts des hohen Grades internationaler Verflechtungen und des überregionalen oder gar globalen Charakters vieler Einflussfaktoren, vor allem der Mega-Herausforderungen Klimawandel und Künstliche Intelligenz, macht Zukunftskultur am meisten Sinn, wenn sie sich auf die gesamte Welt bezieht und konsequent ganzheitlich gedacht wird.

Von „menschlicher Höherentwicklung" lässt sich im 21. Jahrhundert nur sprechen, wenn Zukunftskultur mit einer *mehr-als-menschlichen* Haltung betrieben wird, also einer Haltung, für die der Mensch nicht das alleinige Maß aller Dinge ist, sondern eine Spezies unter vielen, die andere Spezies achtet und die Natur und ihre Ressourcen schont. Diese unmittelbar in die Natur hineinreichende Haltung hat zur Folge, dass Zukunftskultur den vermeintlichen Gegensatz menschlicher Kultur und der Natur auflösen kann und muss; die Natur steht dann eben nicht außen, sondern ist Teil von uns selbst. Damit wird *Naturfürsorge* (einschließlich Klimafürsorge, auch wenn es hier zu Konflikten zwischen Natur und erneuerbarer Energieerzeugung kommt) unabdingbare Voraussetzung für ernstzunehmende Zukunftskultur – auch im Eigeninteresse der Spezies Mensch!

Zukunftskultur im 21. Jahrhundert hat ein überragendes Ziel: Ein neues Zeitalter umfassender Regeneration zu ermöglichen. Paul Hawken, amerikanischer Umweltaktivist und Autor des gefeierten Buches *Regeneration: Ending the Climate Crisis in One Generation,* erklärt das Konzept so: „Um die globale Erwärmung umzukehren, müssen wir die globale Degeneration umkehren. [...] Der einzige wirksame und zeitnahe Weg, die Klimakrise umzukehren, ist die Regeneration des Lebens in all seinen menschlichen und biologischen Erscheinungsformen. Es ist auch die überzeugendste, blühendste und inklusivste Art und Weise. [...] Regeneration bedeutet, das Leben in den Mittelpunkt jedes Handelns und jeder Entscheidung zu stellen. Es gilt für die gesamte Schöpfung – Grasland, Bauernhöfe, Menschen, Wälder, Fische, Feuchtgebiete, Küstengebiete und Ozeane – und es gilt gleichermaßen für Familien, Gemeinschaften, Städte, Schulen, Religionen, Kulturen, Handel, und Regierungen."

69 Vgl. Hawken, Paul: *Ending the Climate Crisis in One Generation,* 2021, S. 9. Übersetzung durch den Autor.

Für Paul Hawken stehen wir vor der Wahl: „We are either healing the future or stealing the future." Wer sich für Frieden in der Welt einsetzt, für den/die ist die Antwort klar: Mein Lebensraum ist Raum zum Leben, nicht zum Zerstören. Regeneration – verstanden als umfassende ökosoziale Erneuerung in allen Lebensbereichen auf Basis sauberer Energien – wird damit zum zentralen Friedensprojekt im 21. Jahrhundert.

Als die UNO-Weltklimakonferenz (COP 28) in Dubai im Dezember 2023 mit dem Aufruf „to transition away from fossil fuels" endete, war dies das erste Mal, dass die Notwendigkeit des Übergangs von Kohle, Gas und Strom auf nicht-fossile Energien von der internationalen Staatengemeinschaft ausdrücklich festgehalten wurde.

70 Vgl. https://www.bmz.de/resource/blob/196012/cop28-ergebnisse.pdf

Auch wenn viele kritisieren, dass damit der Ausstieg („phase out") aus den fossilen Energien noch nicht konkret beschlossen wurde, ist die Richtung unmissverständlich: Es ist der Anfang vom Ende der Nutzung fossiler Energien auf diesem Planeten.

Für das künftige Narrativ der Regeneration ist das eine gute Nachricht. Zugegeben, es wird noch viel Geld mit Kohle, Öl und Gas verdient werden, aber es wird jedes Jahr schwerer fallen, Investoren und Regierungen für die Unterstützung eines Auslaufmodells zu gewinnen. Deren Augen werden zunehmend auf die neuen Hoffnungsträger gerichtet sein, egal ob sie Solar- und Windenergie, Kreislaufwirtschaft, *re*generative Künstliche Intelligenz oder anders heißen. Das Tempo dieses Wandels können wir uns heute noch gar nicht vorstellen. Wenn wir es richtig machen, wird Regeneration – und nicht Schrumpfung oder „Degrowth" – das zentrale Lebens- und Wirtschaftsmodell des 21. Jahrhunderts.

Sehe ich für eine solche ermutigende Entwicklung bereits Anzeichen? Absolut!

Schauen wir zunächst auf die Veränderungen, die sich durch den Eintritt der sogenannten *Generation Z* in den Arbeitsmarkt ergeben haben: Life-Work-Balance – Leben bewusst vor Arbeit gesetzt – ist das neue Credo dieser Generation, also jener, die ab Mitte der 1990er Jahre bis ca. 2010 geboren wurden. Zu den wichtigsten damit verbundenen Forderungen gehören örtliche und zeitliche Flexibilität bei der Erbringung der Arbeitsleistung, generell weniger Arbeitszeit – zum Beispiel die Viertagewoche – sowie die klare Trennung zwischen Privatleben und Beruf. Was anfangs für Kopfschütteln oder gar Entrüstung in den Chefetagen und den Human Resources Departments von Unternehmen gesorgt hatte, erhielt durch die aus den Zwängen der Corona-Pandemie geborenen digitalen Innovationen zur Ermöglichung produktiver Homeoffice-Arbeit einen zusätzlichen Schub. Auch mittlere und ältere Generationen der arbeitenden Bevölkerung sind mittlerweile auf den Geschmack gekommen, und die Inanspruchnahme von „Telearbeit" hat sich vervielfacht. Dazu kommt der in vielen Teilen der Welt akute Mangel an qualifizierten Arbeitskräften, der Unternehmen veranlasst, den von ihnen heiß begehrten Kandidat*innen Life-Work-Balance-Angebote zu machen, die bisher undenkbar waren. Die Generation Z hat mit ihren Vorstellungen eine Entwicklung durchgesetzt, die unumkehrbar erscheint, dabei macht sie etwas Selbstverständliches: Sie sorgt dafür, dass sich Körper und Geist nach erbrachter Arbeitsleistung wieder regenerieren können, statt auf Dauer auszubrennen. Das Leben als Ganzes ist ihr wichtiger als der bedingungslose Einsatz ihrer Arbeitskraft bis hin zur völligen Erschöpfung!

Hartmut Rosa hat uns vor Augen geführt, dass die Steigerungslogik der fossilen Industriegesellschaft aufgrund von Zeitdruck, Angst, Konkurrenz und anderer mit dieser Steigerungslogik verbundener Phänomene zu zunehmender Entfremdung und damit zu einem spürbaren Verlust an Lebensqualität geführt hat. Auch wenn sich viele Menschen vor allem aufgrund fallender Preise durch Massenproduktion immer mehr leisten können (und willige Opfer gefinkelter Werbung sind), werden sie dadurch nicht notwendigerweise glücklicher – Resonanzachsen verstummen, ein Gefühl der Leere und Entfremdung inmitten der Steigerungswut von auf fossilem Wachstum aufbauenden Volkswirtschaften ist die Folge. Hinzu kommt die Klima- und ökosoziale Gesamtkrise, die zeigt, dass wir für eine Steigerungslogik, die uns und unsere Zivilisation zunehmend überfordert, auch noch den Planeten ruinieren, auf dem die Generation Z noch lange leben wird.

Ein großer Teil dieser Generation wird die Wende zum 22. Jahrhundert erleben. Man muss als Teil der Generation Z kein Genie sein, um zu begreifen, dass die Qualität des eigenen Lebens künftig maßgeblich davon abhängen wird, wie sehr es gelingt, die Erderhitzung und die damit verbundenen Krisen in den Griff zu bekommen. Die Generation Z, ebenso wie die nachrückende Generation Alpha, hat es in der Hand, die fossile Steigerungsgesellschaft, wie wir sie seit Jahrzehnten gewohnt sind, zu entzaubern und mit demokratischen Mitteln in eine regenerative Richtung zu lenken. Dafür braucht es Menschen, die nicht der Welt entsagen und sich biedermeierlich in die eigenen vier Wände zurückziehen, deren Potenzial sich nicht darin erschöpft, die erkämpfte Freizeit zügellos zu genießen, sondern die in der Sphäre der Politik entschlossen den Lead übernehmen. Dafür hat gerade eine Generation, die ihre Arbeitskraft nicht von der Steigerungsgesellschaft verheizen lassen will, sondern ihr vordringliches Augenmerk auf die Qualität ihres Lebens richtet, also eine tendenziell durchaus resonanzsensible Generation, exzellente Voraussetzungen.

Mir ist bewusst, dass die verallgemeinernde Beschreibung einer Generation problematisch ist, doch geht es hier vor allem um die Vermessung von Potenzialen. Gerade die Verschiebung des Fokus von der Arbeit auf das Leben eröffnet der Generation Z bislang unbekannte Spielräume, der Natur größere Aufmerksamkeit zu widmen und über die Natur sogar neuartige Zugänge zum eigenen Arbeitsbereich zu entwickeln: Life-Nature-Work-Balance! Denn erst durch die laufende Stärkung der vertikalen Resonanzachse Natur entsteht jene profunde Beziehung von Menschen zur Natur, die es für die Bewältigung der Klima- und ökosozialen Gesamtkrise braucht. Insofern hat die Generation Z eine große Verantwortung: Es gilt, den mancherorts bereits erreichten und in vielen Teilen der Welt noch zu erkämpfenden Zuwachs an Leben gegenüber Arbeit sinnstiftend zugunsten der Natur einzusetzen und damit den Übergang zur regenerativen Gesellschaft und Wirtschaft so voranzutreiben, dass es kein Zurück zu den „bad old habits" der fossilen Steigerungsgesellschaft mehr geben kann. Denn angesichts des ungebrochenen weltweiten Lifestyle-Appeals des Globalen Nordens macht es einen Riesenunterschied, ob sich die Generation Z tendenziell engagiert und weithin sichtbar für die Regeneration unseres Planeten einsetzt oder emissionsreich und ressourcenschwer der Dolce Vita frönt, als gäbe es kein Morgen.

Mein Appell geht aber weit über die Generation Z hinaus: Die meisten Menschen anderer (älterer) Generationen haben entweder eigene Kinder oder Enkel bzw. sonstige enge Verwandte, die der Generation Z angehören. Versetzen wir uns alle, egal welcher Generation, in das Alter und die Perspektiven von ihnen und ermessen wir mit deren Augen, was für junge Menschen, die aller Voraussicht nach 2100 noch erleben werden, auf dem Spiel steht. Das gilt besonders für jene von uns, die unmittelbar in der Politik tätig sind und deren Job es ist, verantwortungsvoll Zukunft zu gestalten.

Man muss die geschilderten Veränderungen nicht überbewerten, die sich, auf persönlicher Ebene beginnend, in der Gesellschaft vollziehen und die sich als Ausdruck einer zunehmenden Abkehr von einer auf Beschleunigung und

Steigerung ausgerichteten Lebens- und Wirtschaftsweise lesen lassen. Mir ist bewusst, dass sich solche Veränderungen als flüchtig erweisen, wenn sie nicht zu strukturellen Änderungen führen und sich so verfestigen können. Doch auch für diese strukturellen Änderungen sehe ich bereits Anzeichen, mehr noch: Modelle, an denen wir uns auf dem Weg aus der Sackgasse der fossilen Wachstumsgesellschaft hin zu einer umweltverträglichen und sozial gerechten Großen Transformation orientieren können.

Ein besonders spannendes Konzept ist die sogenannte *Donut-Ökonomie,* die von der britischen Wirtschaftswissenschaftlerin Kate Raworth entwickelt wurde.

71 Vgl. Raworth, Kate: *Doughnut Economics: Seven Ways to Think Like a 21st-Century Economist,* 2017

Raworth beschreibt darin, wie wir auf unserem Planeten leben und wirtschaften können, ohne dessen Belastungsgrenzen zu überschreiten und auf der anderen Seite für die Menschheit eine ausreichend gute Versorgung sicherstellen können, damit so etwas wie ein gutes Leben möglich ist. Das anschauliche Bild des Donuts steht für den Raum, der sich zwischen diesen beiden Anforderungen auftut und den Raworth als „sweet spot" für eine Menschheit bezeichnet, die im Einklang mit sich und der Natur existiert. Einen Ort, an dem Wunsch und Realität, Möglichkeiten und Grenzen, endlich in einem gesunden Verhältnis zueinander stehen.

Wie aus der Abbildung ersichtlich, bilden den äußeren Kreis des Donuts die neun Planetaren Grenzen, auch als ökologische Belastungsgrenzen bezeichnet, wie sie von einer Gruppe von Wissenschaftler*innen unter der Leitung von Johan Rockström und Will Steffen entwickelt und 2009 erstmals veröffentlicht wurden. Diese Grenzen – von Raworth „ökologische Decke" *(„ecological ceiling")* genannt – sollten nicht überschritten werden, um die ökologischen Lebensgrundlagen der Menschheit nicht zu gefährden. In der Realität sind mehrere dieser Grenzen allerdings bereits erreicht oder überschritten, weshalb umso größere Anstrengungen erforderlich sind, um die Widerstandsfähigkeit des Erdsystems nicht zu überlasten. Auch hier ist die angesprochene Regeneration dringend geboten. Den inneren Kreis des Donuts bildet zwölf wesentliche soziale Bedürfnisse, die alle in den siebzehn Nachhaltigkeitszielen der Vereinten Nationen enthalten sind und die Raworth als „gesellschaftliches Fundament" bezeichnet. Würden diese sozialen Bedürfnisse nicht mehr erfüllt werden können, dann würde eine Gesellschaft gewissermaßen durch das Loch des Donuts fallen. Die Kunst jedes zukunftsgerechten Wirtschaftens muss es daher sein, innerhalb dieser beiden Kreise zu bleiben. Dort liegt der ökologisch und sozial nachhaltige Handlungsspielraum, der die traditionelle Fixierung auf Wachstum des Bruttoinlandsprodukts ersetzen müsse. Raworth bezeichnet ihn als „sicheren und gerechten Raum für die Menschheit" *(„safe and just space for humanity")* auf Basis einer „regenerativen und distributiven Ökonomie" und sieht im Donut einen geeigneten Kompass für das 21. Jahrhundert. Die Idee der Donut-Ökonomie lässt sich auch auf Länder und Städte herunterbrechen und ist inzwischen mehr als nur theoretisch. So hat etwa Amsterdam mit Raworth ein Konzept erarbeitet, wie der Wirtschaftsraum Amsterdam seine weitere Entwicklung an dieser Ökonomie orientieren kann.

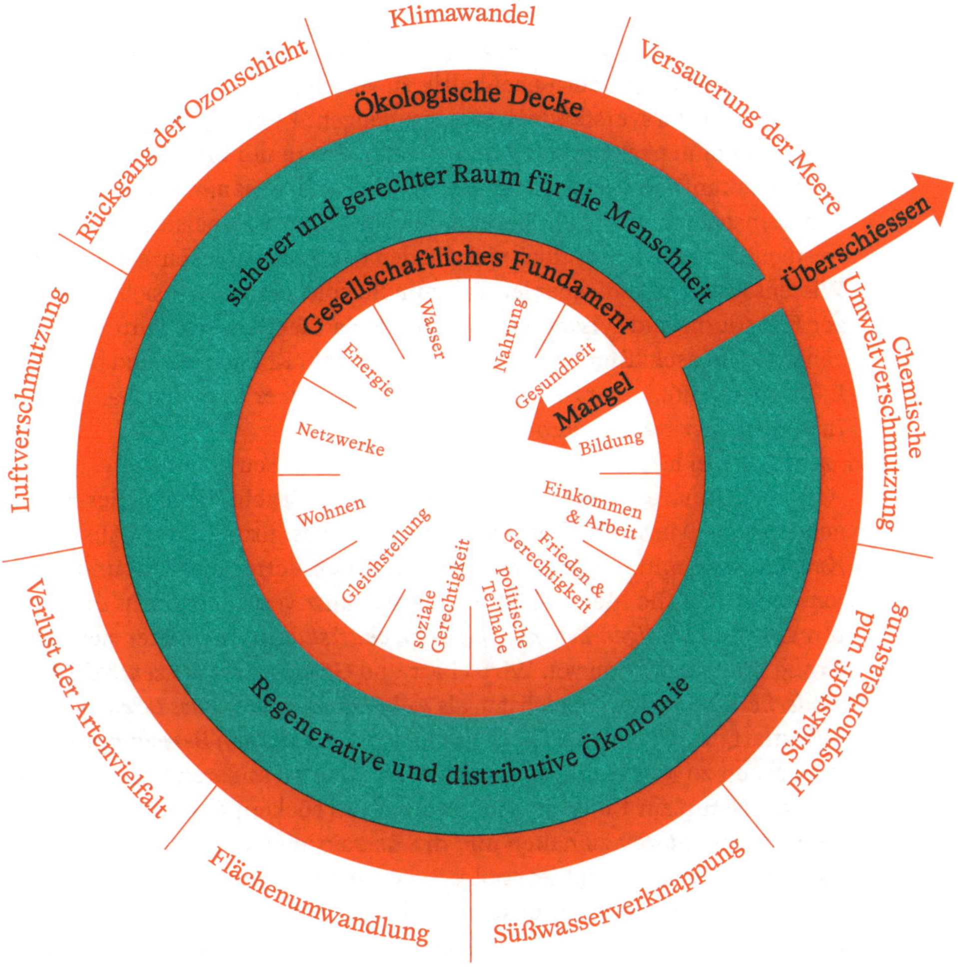

Klimawandel
Versauerung der Meere
Chemische Umweltverschmutzung
Stickstoff- und Phosphorbelastung
Süßwasserverknappung
Flächenumwandlung
Verlust der Artenvielfalt
Luftverschmutzung
Rückgang der Ozonschicht

Ökologische Decke
sicherer und gerechter Raum für die Menschheit
Gesellschaftliches Fundament
Regenerative und distributive Ökonomie
Überschiessen
Mangel

Wasser
Nahrung
Gesundheit
Bildung
Einkommen & Arbeit
Frieden & Gerechtigkeit
politische Teilhabe
soziale Gerechtigkeit
Gleichstellung
Wohnen
Netzwerke
Energie

Quelle: Raworth, Kate: Doughnut Economics: seven ways to think like a 21st centurya economist, 2017.

Die von Raworth geforderte „regenerative und distributive Ökonomie“ für den durch den Donut gebildeten sicheren und gerechten Raum für die Menschheit bedeutet insbesondere auch, dass die bereits angesprochene Schieflage zwischen den Ländern des Globalen Nordens und den übrigen Ländern im Sinn der Externalisierung und Weitergabe ökologischer und sozialer Kosten von ersteren an letztere korrigiert werden muss. Wenn wir den von Raworth aufgezeigten Kompass für das 21. Jahrhundert ernst nehmen, müssen wir diesem Anspruch auch *ethisch* gerecht werden und einen neuen, gemeinsamen Maßstab regenerativer Qualitätsgesellschaften erarbeiten, der dazu beiträgt, die Ungleichheit zwischen den Ländern des Globalen Nordens und den anderen Ländern nachhaltig zu verringern.

Um Missverständnissen vorzubeugen: Das darf kein vom Globalen Norden dominierter Maßstab sein, sondern kann nur ein Maßstab werden, in dem zukunftsweisende Elemente aus aller Welt zusammenfließen. So können Menschen in den nach herkömmlicher Lesart am meisten entwickelten westlichen Ländern unendlich viel von den naturverbundenen, ganzheitlichen Wissenssystemen Indigener lernen; zum Beispiel beschäftigt sich die Schweizer Künstlerin und Wissenschaftlerin Ursula Biemann seit Jahren mit indigenen Gemeinschaften im Amazonas-Regenwald Kolumbiens und beschreibt in ihren Arbeiten die profunden Einsichten solcher Gemeinschaften in die Intelligenz *der* Natur und *in der* Natur.

72 Vgl. zum Beispiel https://www.youtube.com/watch?v=Scu9S-vknBo

Klimaresonanz eignet sich meines Erachtens als dieser neue, gemeinsame Maßstab ökosozialer Zukunftsgestaltung innerhalb des von Kate Raworth mittels der Donut-Ökonomie definierten sicheren und gerechten Raums für die Menschheit. Klimaresonanz veranschaulicht die Konturen *unserer künftigen Lebens- und Wirtschaftskultur* und bietet sich für die Große Transformation von Wirtschaft und Gesellschaft als *zentrales klimamodernes Konzept* an – gleichsam als *weltveränderndes neues Bewusstsein.* Sie reflektiert drei Grundsatzentscheidungen: *menschlichen Beziehungsreichtum* (Menschen zu Menschen, aber auch Menschen zu anderen Spezies, zu Dingen, zur Natur, zur Kunst etc.) ins Zentrum zu rücken; *Ressourcen* möglichst lange in *Kreisläufen* zu halten und die Extraktion weiterer Ressourcen tunlichst zu vermeiden; und technologische Innovationen, vor allem *Künstliche Intelligenz,* vorrangig und konsequent für ökosoziale Zukunftsgestaltung einzusetzen, idealerweise im Zusammenwirken mit Menschlicher oder generell Biologischer Intelligenz.

11

Heimkehr

Es ist eine glückliche Fügung, dass die Klima Biennale Wien ihr Zentrum im KUNST HAUS WIEN gefunden hat. Sie ist dort nicht nur wegen des Schwerpunktes zu Kunst und Ökologie, der das KUNST HAUS WIEN auszeichnet, gut aufgehoben, sondern bezieht aus dem Vermächtnis eines der weltweit bedeutendsten Öko-Pioniere ihre ganz besondere Glaubwürdigkeit: Friedensreich Hundertwasser war seiner Zeit weit voraus und sah schon vor über siebzig Jahren die Kunst gefordert, ökologische Verantwortung zu übernehmen: „Was jetzt getan wird, ist nicht mehr Kunst im alten Sinne, sondern vielmehr eine gewisse Verantwortung, die einige Leute auf sich nehmen, um die anderen auf riesige Gefahren aufmerksam zu machen. (...) Sie sehen, womit ich mich sowie die meisten ‚avantgardistischen Maler' sich beschäftigen, doch das ist nur ein winziger Bruchteil. Die heutige Kunst wird immer freier, nimmt aber gleichzeitig immer mehr Verantwortung auf sich und wird immer komplizierter, doch diese Komplexität ist ein gutes Zeichen, ist es doch das Leben heute auch."

73 In einem Brief aus Paris aus dem Jahr 1954, zitiert nach: *Hundertwasser. Für die Zukunft,* 2020, S. 79

Für den Künstler, der damals noch in seinen Mitzwanzigern war, bedeutete die Übernahme von Verantwortung keinen Widerspruch zur Freiheit der Kunst. Und er hat diese Einstellung tagtäglich gelebt. Hundertwasser steht wie wenige andere für den Mut, sich für die Bewältigung der großen ökologischen Herausforderungen künstlerisch zu engagieren, statt sich unter Berufung auf die Freiheit der Kunst vor dieser Verantwortung zu drücken. Und gibt es denn ein einziges triftiges Argument, das sich gegen Hundertwassers Appell vorbringen ließe?

Aber Hundertwasser schreibt nicht nur von der Verantwortung der Künstler*innen. Er sieht uns alle gefordert. Denn: „Wenn wir überleben wollen, muss jeder einzelne handeln. Du musst selbst deine Umwelt gestalten. Du kannst nicht auf die Obrigkeit und auf Erlaubnis warten."

74 Aus: *Dein Fensterrecht, deine Baumpflicht,* 1972. Zitiert nach: *Hundertwasser. Für die Zukunft,* S. 81

Hundertwasser formulierte damit jenes Menschenbild, das wir heute, fünfzig Jahre später, dringend für die jüngst von Bruno Latour und Nikolaj Schultz geforderte Herausbildung einer neuen ökologischen Klasse benötigen.

75 Vgl. Latour, Bruno; Schultz, Nikolaj: *Zur Entstehung einer ökologischen Klasse: Ein Memorandum. Wie gelingt politisches Handeln in Zeiten des Klimawandels?* 2022

Denn für Hundertwasser war klar, dass die Menschheit ihren Krieg gegen die Natur schleunigst beenden und einen Friedensvertrag mit der Natur anstreben müsse – der „einzigen schöpferischen übergeordneten Macht, von der der Mensch abhängig" sei. Dieser Friedensvertrag müsste unter anderem folgende Punkte beinhalten:

„1 Wir müssen die Sprachen der Natur lernen, um uns mit ihr zu verständigen.

2 Wir müssen der Natur Territorien zurückgeben, die wir uns widerrechtlich angeeignet und verwüstet haben. ...

2 Toleranz der Spontanvegetation.

3 Die Schöpfung des Menschen und die Schöpfung der Natur müssen wiedervereinigt werden. Die Entzweiung dieser Schöpfungen hatte katastrophale Folgen für die Natur und den Menschen.

5 Leben in Harmonie mit den Gesetzen der Natur.

6 ... Der Mensch muss sich selbst in seine ökologischen Schranken zurückverweisen, damit die Erde sich regenerieren kann.

7 Die menschliche Gesellschaft muss wieder eine abfalllose Gesellschaft werden. Denn nur der, der seinen eigenen Abfall ehrt und wiederverwertet in einer abfalllosen Gesellschaft, wandelt Tod in Leben um und hat das Recht, auf dieser Erde fortzubestehen. Dadurch, dass er den Kreislauf respektiert und die Wiedergeburt des Lebens geschehen läßt.“

76 Vgl. *Konkrete Utopien für die grüne Stadt*, 1983, zitiert nach: *Hundertwasser. Für die Zukunft*, S. 102 und S. 107

Hundertwasser gelang es, als Künstler sein Credo zu leben, nämlich dort fortzusetzen, wo man als Kind gezwungen wurde, mit dem Träumen aufzuhören. Er war aber mehr als ein Träumer, er war ein Prophet, der es nicht nur im eigenen Land schwer hatte, gehört zu werden, und uns doch unendlich viel zu sagen hat. Es ist höchste Zeit, dass wir mehr auf ihn hören und uns von diesem „Vordenker der ökologischen Moderne“ (Robert Hodonyi) inspirieren lassen. So verstehen sich die im vorliegenden Buch über *Klimaresonanz* formulierten Grundsatzüberlegungen zugleich als Ansporn, die Erkenntnisse dieses Klimaphilosophen der ersten Stunde zu verinnerlichen. Das gilt nicht nur für die hier vielbeschworene Kreislaufkultur, sondern insbesondere auch für die Ausrichtung neuer Technologien und unseren Umgang damit.

Es war natürlich Hundertwasser, der forderte, dass unsere technischen Errungenschaften mit unserem kreativen Verantwortungsbewusstsein mithalten sollten und dass in der Datenverarbeitung unserer Computer alle ökologischen Daten eingespeichert und zuallererst in Betracht gezogen werden müssten. Hundertwasser entwickelte die Kraft zur radikalen Imagination, die unserer Welt zunehmend abhandengekommen ist – denken wir nur an seine Aufforderung, wir mögen uns vorstellen, wir wachen eines Tages auf, und die ganze Stadt ist grün...

Wenn unsere Zukunft also – metaphorisch gesprochen – in unserer Heimkehr in die Natur liegt, dann gilt es diese Heimkehr umsichtig zu gestalten. Dafür braucht es verantwortungsvolle künstlerische Plattformen wie die Klima Biennale Wien, die nicht nur neue Erkenntnisse erarbeiten, sondern auch Errungenschaften der Vergangenheit, wie etwa Philosophie und Werk des ökologischen Vorreiters Friedensreich Hundertwasser, würdigen und sich davon leiten lassen. Denn wie es Hundertwasser 1991 für das KUNST HAUS WIEN – Museum Hundertwasser selbst formulierte:

„Wer die Vergangenheit nicht ehrt, verliert die Zukunft. Wer seine Wurzeln vernichtet, kann nicht wachsen.“

Literaturverzeichnis

A

AMO, Rem Koolhaas, *Countryside? A Report,* 2020

Architekturzentrum Wien, *Boden für Alle,* 2020

Berg, Christian, *Ist Nachhaltigkeit utopisch? Wie wir Barrieren überwinden und zukunftsfähig handeln,* Der neue Bericht an den Club of Rome, 2020

B

Berners-Lee, Mike, *There Is No Planet B. A Handbook for the Make or Break Years,* 2019

Beslik, Sasja/Sayyad, Karim, *Where the Money Tree Grows. Invest Climate-Smart and Get Rich,* 2021

Blom, Philipp, *Was auf dem Spiel steht,* 2. Auflage 2017

Bollier, David/Helfrich, Silke (eds.), *The Wealth of the Commons: A World Beyond Market and State,* 2012

Bostrom, Nick, *Superintelligence. Paths, Dangers, Strategies,* 2014

Braungart, Michael/McDonough, William, *Cradle to Cradle. Remaking the Way We Make Things,* 2008

Bregman, Rutger, *Utopia for Realists,* 2017

Buck, Holly Jean, *After Geoengineering. Climate Tragedy, Repair, and Restoration,* 2019

Bürbaumer, Heimo, *Der Klimaschutz-Kompass. Wie wir gut und klimafreundlich leben können,* 2022

C

Chalmers, David J., *Reality +. Virtual Worlds and the Problems of Philosophy,* 2022

The Climate Book, created by Greta Thunberg, 2022

Cohen, Sir Ronald, *IMPACT: Ein neuer Kapitalismus für echte Veränderungen,* 2021

Crary, Jonathan, *Scorched Earth. Beyond the Digital Age to a Post-Capitalist World,* 2022

Crawford, Kate, *Atlas of AI: The Real Worlds of Artificial Intelligence,* 2021

Cukier, Kenneth/Mayer-Schönberger, Viktor/de Véricourt, Francis, *framers: Human Advantage in an Age of Technology and Turmoil,* 2021

D

Damásio, António, *The Strange Order of Things: Life, Feeling, and the Making of Cultures,* 2018

Dobbelaere, Jeroen/Schmidt, Alice/Schütz, Florian/Winkler, Claudia, *Fast Forward. How to Harness the Power of AI for Societal Progress and a Sustainable Future,* 2023

Doerr, John, *Speed & Scale: An Action Plan for Solving Our Climate Crisis Now,* 2021

Drexel, Christof, *Zwei Grad. Eine Tonne. Wie wir das Klimaziel erreichen und damit die Welt verändern,* 2018

E

Earth for All. A SURVIVAL GUIDE for Humanity, A Report to the Club of Rome, 2022

Eisenstein, Charles, *Climate. A New Story,* 2018

Escobar, Arturo, *Designs for the Pluriverse. Radical Interdependence, Autonomy, and the Making of Worlds,* 2017

F

Felber, Christian, *Gemeinwohl-Ökonomie. Eine demokratische Alternative wächst,* 2014

Figueres, Christiana/Rivett-Carnac, Tom, *The Future We Choose. Surviving the Climate Crisis,* 2020

Fleck, Robert, *Kunst und Ökologie,* 2023

Foer, Jonathan Safran, *We Are the Weather. Saving the Planet Begins at Breakfast,* 2019

Frank, Josef, *Architektur als Symbol,* 1931

G

Glaubrecht, Matthias, *Das Ende der Evolution. Der Mensch und die Vernichtung der Arten,* 2. Auflage 2019

Göpel, Maja, *Wir können auch anders. Aufbruch in die Welt von morgen,* 2022

Gonstalla, Esther, *Das Klimabuch. Alles, was man wissen muss, in 50 Grafiken,* 3. Auflage 2019

Goodall, Chris, *What We Need To Do Now. For a Zero Carbon Future,* 2020

H

Hans Sauer Stiftung, *Wege zu einer Circular Society,* 2020

Haslinger, Sophie (Hrsg.), *Into the Woods. Annäherungen an das Ökosystem Wald,* Klima Biennale Wien Positions #2, 2024

Haus der Architektur, *Material Loops. The Circular Economy – Bestand als Materialressource,* 2021

Hawken, Paul (ed.), *Drawdown. The Most Comprehensive Plan Ever Proposed to Reverse Global Warming,* 2017

Hawken, Paul (ed.), *Regeneration. Ending the Climate Crisis in One Generation,* 2021

Heckl, Wolfgang M., *Die Kultur der Reparatur, 2013*

Helfrich, Silke/Bollier, David, *Frei, fair und lebendig – Die Macht der Commons,* 2019

Henderson, Rebecca, *Reimagining Capitalism in a World on Fire,* 2020

Herrmann, Ulrike, *Das Ende des Kapitalismus. Warum Wachstum und Klimaschutz nicht vereinbar sind – und wie wir in Zukunft leben werden,* 2022

Hessel, Anne/Jouzel, Jean/Larrouturou, Pierre, *Finance, Climat, Réveillez-vous ! Les solutions sont là,* 2018

Hirschhausen, Eckart von, *Mensch, Erde! Wir könnten es so schön haben,* 2021

Holthaus, Eric, *The Future Earth. A Radical Vision for What's Possible in the Age of Warming,* 2020

Hundertwasser. *Für die Zukunft,* 2020

Hutchins, Giles, *Leading by Nature. The process of becoming a regenerative leader,* 2022

I

Ibisch, Pierre L./Sommer, Jörg, *Das ökohumanistische Manifest. Unsere Zukunft in der Natur,* 1922

Institute of Design Research Vienna, *Qualitätsstandards für Circular Design*, 2021

J

Jaccard, Mark, *The Citizen's Guide to Climate Success. Overcoming Myths That Hinder Progress,* 2020

Jonas, Hans, *Das Prinzip Verantwortung. Versuch einer Ethik für die technologische Zivilisation, mit einem Nachwort von Robert Habeck,* 1979/2020

K

Klein, Naomi, *This Changes Everything. Capitalism vs. the Climate,* 2014

Klein, Naomi, *No Is Not Enough. Defeating the New Shock Politics,* 2017

Klimasoziale Politik: Eine gerechte und emissionsfreie Gesellschaft gestalten, 2021

Koenig, Gaspard, *La Fin de l'individu. Voyage d'un philosophe au pays de l'intelligence artificielle,* 2019

Krause, Georg (Hrsg.), *Die Praxis des Digitalen Humanismus. Welchen Beitrag Unternehmen dazu leisten und wie sie davon profitieren können,* 2023

Krenak, Ailton, *Ideen, um das Ende der Welt zu vertagen,* 2021

Kromp-Kolb, Helga/Formayer, Herbert, *+2 Grad. Warum wir uns für die Rettung der Welt erwärmen sollten,* 2018

Kromp-Kolb, Helga, *Für Pessimismus ist es zu spät. Wir sind Teil der Lösung,* 2023

Krznaric, Roman, *The Good Ancestor. How to Think Long Term in a Short-Term World,* 2020

L
Lacy, Peter/Long, Jessica/Spindler, Wesley, *The Circular Economy Handbook. Realizing the Circular Advantage,* 2020
Lampugnani, Vittorio Magnago, *Gegen Wegwerfarchitektur. Dichter, dauerhafter, weniger bauen,* 2023
Latour, Bruno/Schultz, Nikolaj, *Zur Entstehung einer ökologischen Klasse: Ein Memorandum. Wie gelingt politisches Handeln in Zeiten des Klimawandels?* 2022
Lee, Kai-Fu, *AI SUPERPOWERS: China, Silicon Valley, and the New World Order,* 2018
Lee, Kai-Fu/Qiufan, Chen, *AI 2041. Ten Visions for the Future,* 2021
Lessenich, Stephan, *Neben uns die Sintflut. Wie wir auf Kosten anderer leben,* 3. Aufl. 2020
Levermann, Anders, *Die Faltung der Welt. Wie die Wissenschaft helfen kann, dem Wachstumsdilemma und der Klimakrise zu entkommen,* 2023
Loh, Janina, *Trans- und Posthumanismus zur Einführung,* 2018
M
Macy, Joanna/Johnstone, Chris, *Active Hope. How to Face the Mess We're in without Going Crazy,* 2012
Madreiter, Thomas (mit Horak, Clemens/Peters, Nils), *Die nachhaltige Stadt: Städte als Laboratorien des Wandels,* 2021
Malm, Andreas, *Corona, Climate, Chronic Emergency. War Communism in the Twenty-First Century,* 2020
Mann, Michael E., *The New Climate War,* 2021
Maslin, Mark, *How to Save Our Planet. The Facts,* 2021
Morton, Timothy, *All Art is Ecological,* 2018/2021
Müller-Salo, Johannes, *Klima, Sprache und Moral. Eine philosophische Kritik,* 2020
Münger, Alfred, *Kreislaufwirtschaft als Strategie der Zukunft. Nachhaltige Geschäftsmodelle entwickeln und umsetzen,* 2021
Münkler, Herfried, *Die Zukunft der Demokratie,* 2022
N
Nicholas, Kimberly, *Under the Sky We Make. How to Be Human in a Warming World,* 2021
Nida-Rümelin, Julian/Weidenfeld, Nathalie, *DIGITALER HUMANISMUS. Eine Ethik für das Zeitalter der Künstlichen Intelligenz,* 2018
O
Obrist, Hans Ulrich/Stasinopoulos, Kostas (eds.), *140 Artists' Ideas for Planet Earth,* 2021
O'Mara, Shane, *In Praise of Walking,* 2019
Otto, Friederike, *Klimaungerechtigkeit. Was die Klimakatastrophe mit Kapitalismus, Rassismus und Sexismus zu tun hat,* 2023
P
Pelluchon, Corine, *Ethik der Wertschätzung. Tugenden für eine ungewisse Welt,* 2019
Pelluchon, Corine, *Wovon wir leben. Eine Philosophie der Ernährung und der Umwelt,* 2020
Pelluchon, Corine, *Verbessern wir die Welt! Die Sorge für Mensch, Tier und Natur,* 2023
Pelluchon, Corine, *Die Durchquerung des Unmöglichen. Hoffnung in Zeiten der Klimakatastrophe,* 2023
Plöger, Sven, *Zieht euch warm an, es wird heiß! Den Klimawandel verstehen und aus der Krise für die Welt von morgen lernen, 5. Auflage 2020*
Precht, Richard David, *Künstliche Intelligenz und der Sinn des Lebens,* 2021
R
Ramge, Thomas, *Mensch und Maschine. Wie Künstliche Intelligenz und Roboter unser Leben verändern,* 2018
Raworth, Kate, *Doughnut Economics: Seven Ways to Think Like a 21st-Century Economist,* 2017
Reckwitz, Andreas/Rosa, Hartmut, *Spätmoderne in der Krise. Was leistet die Gesellschaftstheorie?* 2021
Rifkin, Jeremy, *The Green New Deal,* 2019
Rogenhofer, Katharina/Schlederer, Florian, *Ändert sich nichts, ändert sich alles. Warum wir jetzt für unseren Planeten kämpfen müssen,* 2021
Romm, Joseph, *Climate Change. What Everyone Needs to Know,* 2018
Rosa, Hartmut, *Resonanz. Eine Soziologie der Weltbeziehung,* 2016
Rosa, Hartmut, *Unverfügbarkeit,* 2018
Rosa, Hartmut, *Hören und Antworten,* in *Die Presse,* Beilage vom 20.9.2018
S
Schätzing, Frank, *Was, wenn wir einfach die Welt retten? Handeln in der Klimakrise,* 2. Auflage 2021
Schienerl, Christian, *JETZT. Wie ich bis heute Abend die Erderhitzung stoppe und ab morgen nachhaltig lebe …,* 2020
Schmidt, Alice/Winkler, Claudia, *The Sustainability Puzzle,* 2021
Schneidewind, Uwe, *Die Große Transformation. Eine Einführung in die Kunst gesellschaftlichen Wandels,* 2019
Schultz, Nikolaj, *Land Sickness,* 2023
Schurmann, Sara, *Klartext Klima. Zusammenhänge verstehen, loslegen und effektiv handeln,* 2022
Sennett, Richard, *The Craftsman,* 2008
Sennett, Richard, *Together. The Rituals, Pleasures and Politics of Cooperation,* 2012
Sennett, Richard, *Building and Dwelling. Ethics for the City,* 2018
Sommer, Bernd/Welzer, Harald, *Transformationsdesign. Wege in eine zukunftsfähige Moderne,* 2014
Suleyman, Mustafa, with Michael Bhaskar, *The Coming Wave. Technology, Power, and the 21st Century's Greatest Dilemma,* 2023
T
Tegmark, Max, *Life 3.0: Being Human in the Age of Artificial Intelligence,* 2017
Thun-Hohenstein, Christoph, *CHANGE! Virtuelle & wirkliche Werte für eine bessere Zukunft,* in: Vienna Biennale for Change 2019, *SCHÖNE NEUE WERTE: Unsere Digitale Welt gestalten,* 2019, S. 16–35
Thun-Hohenstein, Christoph, *WALKING INTO THE FUTURE. Gemeinsam die Klima-Moderne gestalten,* in: Vienna Biennale for Change 2021, *Planet Love: Klimafürsorge im Digitalen Zeitalter,* 2021, S. 18–37
Thun-Hohenstein, Christoph, *Kreislaufkultur als Herzstück humanistischer Erneuerung,* in: Austria Kultur International. Jahrbuch der Österreichischen Auslandskultur 2021, 2022, S. 21–37
Thun-Hohenstein, Christoph, *Imagine Dignity & Regeneration,* in: Austria Kultur International. Jahrbuch 2022/2023, 2023, S. 12–24
U
Uhl-Hädicke, Isabella, *Warum machen wir es nicht einfach? Die Psychologie der Klimakrise,* 2022
V
Vargas, Fred, *L'humanité en peril. Virons de bord, toute !* 2020
W
Wallace-Wells, David, *The Uninhabitable Earth. Life After Warming,* 2019
Walsh, Toby, *2062: The World That AI Made,* 2018
Weber, Andreas, *Enlivenment. Eine Kultur des Lebens. Versuch einer Poetik für das Anthropozän,* 2. Aufl. 2018
Weber, Ewald, *Welt am Abgrund. Wie CO2 unser Leben verändert,* 201

Impressum

Klima Biennale Wien
Positions #3

Klima Biennale Wien 2024
https://biennale.wien

Künstlerische Leitung
Claudius Schulze

Programmleitung
Sithara Pathirana

Direktion KunstHausWien
Gerlinde Riedl

Autor
Christoph Thun-Hohenstein

Lektorat
Marcus Jauer

Gestaltung
seite zwei (Christoph Schörkhuber, Stefan Mayer, Christian Begusch)

Foto
© Sabine Hauswirth / MAK (2017)

Schriften
HAL Timezone (HAL Typefaces), LL Riforma (Lineto)

Papier
Munken Lynx

Druckerei
Gutenberg Beuys Feindruckerei GmbH, Langenhagen

Herausgeberin
KunstHausWien GmbH,
Untere Weißgerber Str. 13, 1030 Wien

Verlag
Spector Books, Leipzig
https://spectorbooks.com

Vertrieb
Deutschland, Österreich: GVA, Gemeinsame Verlagsauslieferung
Göttingen GmbH & Co. KG, https://gva-verlage.de
Schweiz: AVA Verlagsauslieferung AG, https://ava.ch

Erste Auflage 2024
ISBN 978-3-95905-867-4
Printed climate neutral in Germany